子どもに伝えたいお金の話

金融教育のいまを聞く

塚本俊太郎 著

一般社団法人 金融財政事情研究会

子どもに伝えたいお金の話［金融教育のいまを聞く］　目次

まえがき　4

沼田晶弘　17
東京学芸大学附属世田谷小学校教諭
お金の価値だけを純粋に学べるのが子ども時代のよさ

漆紫穂子　55
品川女子学院理事長
お金は夢を叶える手段にもなるし足をすくわれるリスクにもなる

柴山翔太　福岡女子商業高等学校校長
お金についての決定を委ねることで子どもの学びは深くなる　85

赤池慶彦　NPO法人キッズフリマ代表理事
お金や物の価値が学べるのは子ども自身の実体験から　113

キャサリンとナンシー　金融教育実務家
お金の裏側にある「ありがとう」を子どもに伝えたい　147

森永康平　株式会社マネネCEO／経済アナリスト
お金をどうやって守るか——子どもの詐欺被害を防ぐ方法　173

あとがき　201

まえがき

元金融庁金融教育担当で、現在は金融教育家の塚本俊太郎です。この本を手に取っていただきありがとうございます。金融教育家とは耳慣れない言葉かもしれませんが、よりよい生活を送るために必要なお金に関する知識をできるだけわかりやすく伝える仕事です。

学校でお話しをしていると、「お金について知ることが大切なことはわかるけれど、それを子どもにどうやって伝えたらいいのかわからない」「そもそもなにを教えればいいのかわからない」といったことをよく耳にします。この本では特色ある金融教育に携わっている6名の方と対談を行い、どんな取り組みをされているのか、その取り組みをすることになったきっかけや大切にしていることなどを語っていただきました。少しでもみなさんの考えるヒントになれば幸いです。

ところで、そもそも著者の塚本俊太郎って誰なんだろう？　と疑問に思いますよね。そこでまずは、自己紹介したいと思います。

最初から金融教育をめざしてきたわけじゃなかった

私は慶應義塾大学の総合政策学部というところで国際政治を学び、紛争地域で平和維持活動を展開している国際連合（国連）で働きたいと考えていました。当時、世界中で紛争が頻発しており、平和維持活動は話題でもありました。国連の正規職員となるには、大学院で修士号を取る必要がありました。そこでアメリカのシラキュース大学の大学院で2年間国際関係論という学問を学び、平和維持活動に関する研究を行いました。

1年から2年になる間の夏休みには、8週間にわたり国連でインターンとして働くことができましたが、卒業間際に行われた採用試験では残念ながら不合格となりました。

今後どうするべきか途方に暮れながら帰国し、留学時代に培った英語力と経済学や政治学の知識を活用するにはどういった仕事をするべきか思い悩む日々を過ごしました。ひょっとしたら、外資系金融機関ならこれらを活かすことができるかもしれない。そう考えた私は人事部に飛び込みで訪問し、就職活動をすることにしました。たまたま内定者がグループ内の他の職種を選んだとのことで、新卒採用枠の空いていたUBSというスイスの銀行（漫画のゴルゴ13が口座を開設している銀行です）の運用会社で働く機会を得ることができました。

これが私と金融との最初の関わりです。

その後、キャリアアップのための転職をし、ブラックロック、ゴールドマン・サックスの運用会社で主に公的・企業年金といった資金を運用する仕事をしたのちに、「バンガード」に移りました。

バンガードとは、ジョン・ボーグルというインデックス投資信託（株式市場全体に投資する投資信託）を初めて個人向けに作った人が創業した会社で、個人向けの投資信託ビジネスでは世界最大の運用会社です。私はそのバンガードの日本支社の投資戦略部長として、企業だけでなく個人投資家向けにも投資のやり方や金融商品の説明をする仕事につきました。

ある時、バンガードの本社に2週間の出張に行くことになりました。

バンガードの本社はアメリカ東海岸にあるフィラデルフィアから車で内陸に30分ほどドライブしたところにあります。本社のある一角は「バンガード・キャンパス」とも呼ばれるほどで、大学のキャンパスのように広大な土地の中に部署ごとの低層ビルが点在しています。それぞれのビルとビルの間は離れているため、「社内」にもかかわらず、移動はもっぱら車が使われていました。森の中にあるので、しばしば野生の鹿にも遭遇するような環境です。日本でいうと軽井沢のような場所かもしれません。

晩御飯を食べに地元のレストランに行った時のことです。日本人が比較的珍しいからか、注文が終わった後にウエイトレスから声をかけられました。

「どこから来たの？ なにをしに来たの？」

「バンガードの日本支社で働いていて、出張で本社に来たんだよ」

ウエイトレスは満面の笑みで、

「そうなの～。よく来たわね。私はバンガードにすごく感謝しているの。昔から投資をしたことで、自分の子どもたちの大学資金も払ってあげることができたし、今後引退しても老後の生活も安泰。すべて、バンガードのおかげよ」と。

運用会社で長年働いてきましたが、お客さんから直接感謝を伝えられた経験はほとんどなかったので、新鮮な驚きでした。

バンガードは、個人投資家に投資信託を提供しているだけでなく、ブレない投資哲学を教えることでも有名です。それは「長期分散投資を低コストのインデックス投資信託で行うこと。途中でやめずに、持ち続けることで資産が増えていく」というものです。

２００８年にリーマン・ショックといって、アメリカの大手証券会社リーマン・ブラザーズが破綻したことをきっかけに、株式市場が50％という大幅な下落を経験したことがありました。当然、下落にびっくりしたお客さんは、われ先にと持っている金融商品を売却しようとするわけです。バンガードはその動きを察知し、「長期投資が大事なこと」「過去の急落局面でもその後数年で回復したこと」をメールマガジンでお客さんに送りました。それでも、売却注文を入れるお客さんには、「本当にいいんですか？　長期投資で投資を続けることが大事ですよ」というポップアップが出るようにしていました。

多くの運用会社にとって２００８年は株式市場の下落だけでなく、お客さんからの資金引き出しも重なり大幅に預かり資産残高が減少しました。ところが、バンガードは２００８年もお客さんからの資金流入はプラスとなったのです。ちなみにＮＹダウ（アメリカを代表する30社の株価平均）は２００９年に６４７０ドルをつけましたが、２０２４年２月末現在３８９６８ドルとほぼ６倍になっています。

バンガード時代、私は日本の個人投資家向けの大規模セミナーに定期的に登壇していました。バンガードの投資哲学である長期分散投資を低コストのインデックス投資信託で行うことを、私なりにわかりやすく伝えることに力を入れていました。セミナーの後、ブースに訪ねて来てくれたお客さまから「毎年このセミナーに来てるんだけど、バンガードの話は毎年同じでつまらないんだよな。でも、ブレないから、毎年同じ内容を聞いて安心して帰るんだ。長年バンガードの投資信託を持ち続けてるんだけど、十分な資産が築けて、本当に感謝しているよ。来年もよろしく！」と声をかけていただいたのはいい思い出です。

個人投資家向けセミナーではたくさんの運用会社が登壇しており、参加者アンケートではどの講演がよかったかを聞いていましたが、毎回50％近くの人にバンガードがいちばんよかったと答えていただきました。私の話し方がよかったかはわかりませんが、バンガードのブレない投資哲学や手数料をお客さんに還元するという会社の方針が評価されていたのだと思います。このアンケート結果を見るにつけ、私もライフワークとして個人投資家のみなさんに投資の考え方を伝え続けていきたいと思うようになっていきました。

ところが、2018年に「つみたてNISA」がスタートすると、運用業界ではインデックス投資信託の手数料引き下げ合戦が過熱し、日本のバンガードの売上は好調なものの、利益は伸び悩む結果となりました。それを受けてか、2019年に日本オフィスは縮小され（その後、最終的にバンガードは日本を撤退）、その流れの中で私はリストラを宣告されてしまいました。

転機となった金融庁への転職

無職になった私は、他社で同じように個人投資家向けに情報発信を続ける道を模索しました。ただ、運用会社のほとんどはアクティブ投資信託を収益の中核に据えており、それらの自社商品を買ってもらうために個人投資家に営業活動をしています。バンガードと同じような投資哲学を持っている会社や仕事には、なかなか出合うことができませんでした。

そうこうしているうちに目に入ったのは、経済評論家の故山崎元氏のコラムです。タイトルは「金融庁「おもしろ求人」発見で考えた、投資教育で伝えるべき7つのこと」というもので、金融庁が金融教育に携わる職員を外部募集するので、金融機関で働いてきた「これまで随分悪いことをしてきた。そろそろ、社会や顧客に正しいことを伝えたい」と思っている人は応募したらいいのではないかと書かれていました。

私自身は「悪いことをしてきた」という認識はない（笑）のですが、金融庁のホームページで募集内容を確認することにしました。色々と考えたあげく、金融庁で金融教育の全体像を知り、かつ実際に授業を行うことによって、将来の活動に活かす道もありかなと思い、履歴書を送付しました。面接日時の連絡をもらい、金融庁の会議室で開口一番に言われたことは、「外資系のようなお給料はとても払えないですが、それでも大丈夫ですか？」ということです。その場で初めて待遇面を聞き、「かみさんを説得してみます」と言って部屋を出たことを覚えています。

2年の任期付き職員でその後独立する（もしくは転職する）ということを条件に、かみさんからはOKをもらい、金融庁で働くことにしました。

ちなみに、山崎元さんのコラムを今回改めて読み返してみました。金融教育担当の職員になる人に期待したいこととして、1高校・大学生向けテキストを作る、2金融機関はビジネスでやっているので相談相手には不適切と伝える、3NHKのEテレでお金の基礎を教える番組を持つ、4投資教育ユーチューバーになる、があげられていました。1は金融庁在職時に高校生向け金融教育のテキストを作成しました。2は日頃お金についてのアドバイスを求められた時に、金融機関のおすすめに乗らないということを伝えています。3はEテレで「今日から楽しむ金育」という番組に企画段階から参加し、シーズン2まで講師として登壇することができました。4は2022年からユーチューブチャンネルを開設し、毎週動画をアップしています。これまで山崎さんのコラムに書かれている内容を意識してきませんでしたが、山崎さんと私の考えが一緒だったんだといまさらながら気づきました。山崎さんは2024年1月に亡くなってしまわれましたが、このアドバイスに感謝したいです。

金融庁の入庁日は2020年3月1日。入庁前から新潟県にある高校での出張授業の準備で、電車や前泊ホテルの確認をして臨みました。くしくもコロナウイルスが海外で猛威を振るいはじめ、日本でもクルーズ船で罹患者が大量発生していた時期に重なります。

入庁後すぐに多くの学校は休校となり、金融庁の業務もオンライン勤務へとシフトしました。当然のことながら出張授業の予定はすべて中止です。そんな混乱期にある中で、授業の復旧が早かったのは大学でした。ゴールデンウィーク明けにはオンラインで授業を再開することになり、金融庁が日本銀行や各業界団体と共同で行う金融リテラシーを教える連携講座も開始されることとなりました。

そこで、ゴールデンウィーク期間中にZoomを活用したオンライン授業のやり方を学び、授業に臨むことにしました。オンラインだとどうしても一方通行の講義になりがちで、学生も持続して集中するのはむずかしいのです。その点を考慮して、投票機能を使った簡単なクイズを入れてみたり、ブレイクアウトルームという小グループに分かれる機能を活用して自己紹介やディスカッションを行ってもらったりしました。

多くの新1年生はキャンパスに通った経験がなく、授業もオンラインで自宅から参加するという形でした。そのため、ブレイクアウトルームを使った授業は、「初めて同じ大学の学生と話す機会となった」と好評でした。

その後は、他大学からオンデマンド講義の依頼を受けたことから、授業内容を動画に収録して配信するということも行いました。動画は自分の聴きたいスピードで視聴することができるだけでなく、わかりにくかった部分を繰り返し再生できるので、理解度が高まるのがメリットです。また、金融庁内部の話をすると、職員が2～3年周期で配置転換されるため、金融教育のやり方を継承していくことに課題を抱えていました。この授業動画はノウハウを蓄積するという点でも役立ったと思います。

国立大学附属の先生方にご協力いただき、「高校向け 金融経済教育指導教材」という資料も作成しました。金融教育というと投資教育ではないかと誤解されがちですが、「家計管理」「生活設計」「備える」「資産形成」「お金を借りる・金融トラブルの注意点」など、高校生が知っておくとよいお金の知識は幅広く、金融経済教育指導教材はこれらをカバーした内容になっています。特にパワーポイント版ではノート欄に解説を入れ、そのまま読んでも内容が伝わるように工夫しました。また、「資産形成」については先生方を含め経験のない人でもわかるように、実際に資産形成を行う際に必要なポイントを応用編に盛り込んでいます。金融庁のホームページでは、パワーポイント版、PDF版の資料が無料で公開されているだけでなく、動画も用意されているので、興味のある方は見てもらえるとうれしく思います。

金融庁の出張授業では高校や大学に呼ばれることが多かったのですが、あまり機会がないのが小学校でした。

小学生向けのコンテンツを充実させようとつくったのが「うんこお金ドリル」です。子どもたちに人気の「うんこドリル」とコラボして、クイズを解くことで遊びながらお金の基本的な知識が学べるようになっています。解答の選択肢にはそれぞれうんこネタが入っていてクスっと笑える形になっていますが、「金融リテラシー・マップ」という年齢層別に身につけるべきお金の知識に基づいたまじめな内容となっているのが特徴です。「正解が一つではない」ということにもこだわりました。ウェブ上で無料でできるので、クラスや家庭で「どれが正解か」「なぜ正解なのか」を話し合うきっかけにしてもらいたいと思いました。

金融教育家としての活動をスタート

金融庁での2年の任期はあっという間に過ぎていきました。

任期満了をもって、2022年4月からはフリーランスの金融教育家して活動を始めました。金融教育家といっても、なにをするのか特に決めていない状況でのスタートでした。そのため、スタートした当初にしていたのは、問い合わせ用のホームページや名刺を作成すること、以前から行っていたX（旧ツイッター）で投資に関して毎日発信すること、毎週土曜のXスペースでの投資Q＆A番組へ登壇すること、ニューズピックスで金融・投資関連記事へのコメントを投稿することといったところでした。

幸い2022年4月から高校家庭科で金融教育が拡充されたこともあり、学校で金融教育はどのように教えられているか各メディアから取材依頼もありました。

また、知り合いを通じて、金融教育の実行に悩んでいた実践学園中学・高等学校の内藤理事長をご紹介いただきました。理事長は商社で日本だけでなく海外でも長年活躍され、その後大学でも経済学を教えられていたバックグラウンドを持つ方で、金融についても深い理解があります。ただ、学校の生徒たちに教えるためには、むずかしい金融をかみくだいて話ができるプロに任せるべきとのお考えを強くお持ちでした。ご縁があって、2023年4月からリベラルアーツ&サイエンス（LA&S）コースの中学2年生向けに通年の金融教育の授業を任せていただくことになりました。LA&Sコースは他のコースとは違い、英語で学びながらグローバル人材を育成するというコースです。金融教育も日本語・英語どちらで教えても問題ないということだったので、アメリカの歴史ある運用会社ティーロウ・プライス社がアメリカの金融教育の授業で使っているテキストをそのまま使うことにしました。テキストのタイトルは『Money Confident Kids（お金について自信を持った子どもたち）』で、ニッキという中学1年生の女の子が成長するにしたがって（最終的には38歳になります）お金について学んでいくという内容になっています。中学生に身近な事柄を取り上げながら、将来起きることについても考えていくという流れなので、興味を持って授業を聞いてもらえていると思います。LA&Sコースでは夏にオーストラリアに研修に行くため、研修の前には「何にいくらおこづかいを使うか」を現地の物価を考慮しながら予算立てし、そこに為替変動を加味して「おこづかいはいくら必要か」を保護者にプレゼンするという試みもしました。現地ではレシートを集めてもらい、帰国してから予算とどのくらい違ったかを調べてみると、ホストファミリーが支払ってくれて、あまりお金を使わなかった子が多かったというのが授業でわかりました。金融教育ではお金についての知識を覚えることも大事ですが、覚えた知識を実践してみることがさらに大事だと感じています。生徒にとってのオーストラリア研修はそのよい機会になったのではないでしょうか。

大人向けの金融教育という意味では、NHK Eテレ「趣味どきっ！」というさまざまな趣味を紹介する番組で投資についても扱おうということになり、企画会議から参加して講師役としての出演までを務めさせていただきました。２０２３年に放送された全4回のシリーズは好評で、翌年の２０２４年1月には新たに「新ＮＩＳＡ編」の4回のシリーズも放送されることになりました。ＮＨＫラーニングというホームページでも、ダイジェスト版を視聴することが可能になっています。

現在は学校での子どもたちへの授業やメディア出演に加えて、先生向けの研修会にも登壇する機会も増えてきました。そこでは「なにをどこまで教えればいいのか」と聞かれることが多く、先生方も悩まれながら手探りで金融教育に向き合っていることを実感します。特に「資産形成」の分野は、自分自身の経験がないまま子どもに教えなければならない先生も多いようです。この本を読むことで少しでもそういった先生方の参考になってくれれば望外の喜びです。

この本で対談させていただいたのは次の6名の方々です。沼田晶弘さん（東京学芸大学附属世田谷小学校教諭）、漆紫穂子さん（品川女子学院理事長）、柴山翔太さん（福岡女子商業高等学校校長）、赤池慶彦さん（ＮＰＯ法人キッズフリマ代表）、キャサリンとナンシーさん（金融実務家）、森永康平さん（株式会社マネネＣＥＯ／経済アナリスト）。

それぞれが独立した対談ですので、順番に読み進めても、興味のあるところから読んでいただいても大丈夫です。金融教育の対象別で考えると、小学生（沼田晶弘さん、赤池慶彦さん、キャサリンとナンシーさん）、中学～高校生（漆紫穂子さん）、高校生（柴山翔太さん）、小学生～大人まで（森永康平さん）となっています。対象別でまとめて読んでみて、異なるアプローチを比較するというのも一つの方法です。

それでは、本編をお楽しみください。

本書の記述は各取材時時点のものであるため、時間の経過とともに内容が異なっていることがあります。

また、見解・意見などは所属団体等のスタンスを表すものではなく個人に基づくものです。

沼田晶弘

東京学芸大学附属世田谷小学校教諭

お金の価値だけを純粋に学べるのが
子ども時代のよさ

なんとなくで飛びこんだアメリカ

塚本 最初にちょっとご自身について聞きたいんですけれど、沼田先生のご出身は東京なんですか？

沼田 そうです、東京の世田谷区です。

塚本 世田谷区なんですね。じゃあ、小学校も世田谷で行かれていたと。

沼田 そうです。世田谷区内でずっと。幼稚園からずっと区立です。

塚本 区立で行かれて……。

沼田 区立、区立、都立、国立。

塚本 それで最後の大学が、東京学芸大学の教育学部ということなんですか。

沼田 最後は学芸大からアメリカに行って、アメリカのボールステイト大学ですね。

塚本 学芸大に行かれたっていうことは、その段階で先生になろうと思われていたんですか？

沼田 実は、国立大の中で入りやすそうだったっていうのが選んだ最初の理由でした。

塚本 じゃあ、まだその段階では先生になろうという感じではなかったんですね。

沼田 そうですね。「教員免許があったらつぶしがきくかな」くらいにしか思っていなかったんです。

塚本 なるほど。その後、ボールステイト大学の大学院でスポーツ経営学を学ばれたと聞きましたが、スポーツ経営学ということは、それこそJリーグとかのチームの経営をやってみたいとか、そういうことだったんですか？

沼田 それもそこまで考えて行ったわけではなくて、なんとなくチャンスがあって「来ないか？」って言われて、

「じゃあ、行こうか」って行っちゃった感じです。

塚本 そのころはご専門のスポーツとかがあったんですか？

沼田 そのときはもうすべて引退して、趣味でゴルフをやっていたくらいですね。

塚本 引退される前は？

沼田 中学校くらいまでは水泳をやっていましたね。

塚本 なるほど。それで、高校とか大学では？

沼田 高校ではアメフトをちょっとやって、また水泳に戻りました。

塚本 ほう。水泳を生かしてスポーツ経営学を学ばれたというわけではない？

沼田 一切ないですね、はい。

塚本 それとはまったく別と。

沼田 そうなんです。水泳は大学を受験するときの実技試験の科目だったので、そこではかなり生かされましたけど、入試に受かってからはほとんどやっていないです。ほとんどというより、まったくやっていないかもしれない。

塚本 なるほど。それで、ボールステイト大学で学ばれていたのは、それこそ、スポーツをやっているクラブチームの経営についてとかですか？

沼田 「まず、ボールステイトに行こう」と行ったんですけど、なにを学びたいとかもなく、たまたま友だちになった人が「これは君に合っているんじゃないの？」と紹介してくれたのが経営学じゃなくてアドミニストーレーション（管理学）の方だったんですね。「やらないか」って言われて、はじめてみたらなかなかおもしろいなっていうのがスタートです。だから色々な人のお導きと運とコネでここまで来たような感じです。

塚本　なるほど。これはおもしろかったなっていう科目は？

沼田　科目ですか？　うーん。いちばんおもしろいなと思ったのは、スポーツ経営とは直接関係ないかもしれませんが「論文の書き方」っていう授業でした。これは大学院での最初の授業で、論文を書くときにここは何マスあけるとか、こういうときはこう打つみたいなマニュアルみたいなものを教えてきておもしろいと思いました。

塚本　なるほど、なるほど。

沼田　それくらいですかね、覚えているのは。

塚本　そこでスポーツ経営学を学ばれて日本に帰られると。

沼田　いえ、そのままむこうに残って2年くらい働いていました。

塚本　どんなお仕事だったんですか？

沼田　えっと、一つは大学の職員として。日本でいうところの事務方ですね。海外から来るお客さんのお世話担当係でした。それと週に1時間だけ大学生を教えていました。アサイメント（宿題）を出すときに「typed」って書かなかったばかりに手書きで提出されてしまって、レポートが読めないという事件が何回もありました。仕方ないからホストマザーのところに持って行って読んでもらっていたのを覚えています。

縁でつながって小学校に

塚本　それでむこうで働かれたあとに日本に帰ってきたんですね。

沼田　はい。それで大学の先生を1年やって、そのあとに塾の先生をやって、その次に小学校です。

塚本　やっぱりいつかは小学校で教えたいと思っていたんですか？

沼田　えーと……。もういろんなところで話しているから言っちゃってもいいか。塾の先生をやっていて、小学校で教えたいって気持ちはほとんどなかったんです。だけど、昼の仕事がいいなとは思っていました。

塚本　塾だと夜になっちゃうから？

沼田　そうなんです。夜、「飲みに行かない？」って誘っても、「じゃあ、10時集合ね」となると誰も来てくれないんですよね。年齢が上がってきて段々と家庭を持つようになるとなおさらです。「昼の仕事がないかな」と思っていたところにちょうど小学校で教えないかという話が来て、ちょっとやってみようかなと思っていまにいたると。

塚本　東京学芸大の教育学部を卒業したからというのはまったく関係ないんですか？

沼田　いや、東京学芸大の教育学部を卒業したから小学校の教員免許を持っていたんですよ。だからできたんです。あと、そのときに声をかけてくれたのが大学時代にお世話になった研究室の先生だったんです。

塚本　縁でつながっているってことですね。

子どもが自ら学びだす仕組みとは

塚本　塾の先生をされていたときに、自分がどうやって教えるかというよりも、子どもが自発的に学ぶにはどうしたらいいのかを考えられていたんですよね。

沼田　そうですね。塾の先生になって1年目、一所懸命に授業をしたんですけど、残ったのは喉が枯れたことぐらいでした。生徒の成績はまあ上がったんですが「なんかこれはつらいな」と思って。ボクが一所懸命がんばっても、勉強するのは子どもだよなってことに気がつき、ちょっと視点を変えてみたんです。それで、どうしたら生徒がやってくれるかなっていうことを考えるようになりました。「仕組み」とか「仕掛け」とボクはよく言いますが、仕組んだり仕掛けたりすると、子どもたちは勝手に伸びていきます。子どもたちが活躍すればするほど、なにもしていないのに「いい先生だね」って言われます。

塚本 やっぱりアメリカで大学院に行かれたり、むこうで教えられたりした経験が役に立っているんですか？

沼田 「こうなったのはこれがキーポイントですか」みたいなことをインタビュアーのみなさんは聞くんですけど、それがボクの中でいちばん困る質問です。答えられたらかっこいいんですけどね。多分、ワンオブゼムです。それも一つだと思いますし、色々なことがミックスされてこうなってきているんだなと思いますけど、「これがあったからこうなんですよ」ってなかなかクリアには自分でもまだわかっていないです。

塚本 小学校で教え始めたときも、子どもにどうやって興味を持たせるかということを中心にやられたんですか？

沼田 そうですね、はい。子どもに限ったことではなくて、人間っておもしろかったら絶対やるんですよ。ですよね？　たとえば、音楽の授業の時間。ボクらの世代って誰も歌を歌わなかった。歌ってました？　少なくともボクの周りでは歌っていなかった。それなのに、ボクらが20歳ぐらいのときにJリーグが始まると、国立競技場で「翼をください」とかをみんなで歌っているわけですよ。合唱コンクールでは歌わなかった「翼をください」を国立競技場では歌う。思わず笑ってしまいました。「なんだ、やりたかったら自分から歌うんじゃん」って。たとえば、英語。中高で6年間、毎週のように英語の授業があったのに、なんで大人になって英会話スクールにわざわざ通っているの？　みたいなことがあると、もしもあのときにそのヤル気があったら、もっと安価でいい教育を受けられた可能性が高いんですよね。そういったことを思っていると、勉強する意味やモチベーションを、仕組みなり仕掛けとして子どもに与えてやれば、自ら学びだすんじゃないかっていうのが最初の発想で、仕組みや仕掛けをつくってみたら、「こうした方がいいんじゃない？」って子どもたちが自分で言ってくるから、「じゃあそうしようか」って進化させている感じです。自分たちで学びをつくりはじめたので、途中から勉強させられてることが子どもたちにもわかっているんですけど、楽しんでさせられてるって言ったら変ですけど、それがいいなと思ってくれているようです。

塚本　先生として上の立場から教えるんじゃなくて、子どもたちの意見は聞いて、それを反映させていくっていうのがやっぱり大事なんですかね。

沼田　教わるよりも自分で学ぶ方が圧倒的に効果が高いんですよね。たとえば、居酒屋に行って、ボクらの歳になってくると自由研究の発表会が始まるんですよ。なにがって言うと、体に悪いところが出はじめると。やれ高血圧だとか、やれ脂肪がとかね。一気にそれらが自分ごと化されると、やっぱり調べるじゃないですか？

塚本　そうですね。詳しくなりますね。

沼田　そうすると、高血圧にはこれを飲んだ方がいいとか、太っているならこれをした方がいいとかって、発表会が始まるわけです。人間って、コトが自分ごと化されると学びが深くなるし、学んだことは人に発表したくなるんですよ。これを小学校の中で起こせばいい。だから、あの子たちに学びを自分ごと化させるってことをやっぱりいま考えていますね。

4＋3は7じゃないかもしれない

塚本　なるほど。これは多分小学校だけのことではないかもしれませんが、「こういうことを学ばなきゃいけない」「あれもやらなきゃいけない、これもやらなきゃいけない」っていうふうに、決まっていることってすごく多くないですか？

沼田　そうですね。でも、それがなんのために学んでいるかを理解したらおもしろくなるんですよ。

塚本　なるほどね。そういう視点になってくると。

沼田　「なんのために学ぶか？」大人は経験してきたからわかっているけど、子どもはわかっていないんですよね。ボクが6年生を担任していたときに言われました。「先生、歴史ってなんか役に立ったことある？」って。「俺は信長ファンで、1560年に桶狭間で勝ったことは知っているけど、学校の先生になったから2回使った」と。なんで2回かと言うと、6年生の担任を2回したから。あとは、桶狭間を通ったときに国道が細くて、「ほぉ」って思ったと。歴史を学んでもそれぐらいしか役に立ったことはないけど、でも、その3回があったから楽しかったよって話をしたんです。そうすると聞いた子どもにとっても、それはちょっとおもしろいねって話にはなるんですよ。なんかそういう、なんでそうなっているのかとかがわかれば楽しいですけど、わけもわからず知識を教えられるから楽しくなくなってしまう。

塚本　やっぱりほとんどの授業というのは、「これはなんのためにやるのか」は知らされずに、教えられちゃうことが多いんですかね？

沼田　知らされずに教えられちゃうし、大人も実はいまだに気づいていない人がいっぱいいますね。たとえば塚本さん、小学校1年生の算数の教科書に問題が書いてあります。「小鳥が4羽いました。あとから3羽飛んできました。あわせて何羽ですか?」何羽でしょう?

塚本　7羽。

沼田　7羽でしょ? 違う。そんなね、野生の鳥が4羽いて、3羽来る間に1羽も逃げなかったって保証はどこにもないんですよ。でも、それを考えずに4＋3は7って言っちゃうじゃないですか?

塚本　言っちゃいますね。

沼田　それが「勉強ができた」ってことになっちゃうと、もうつまらないですよ。子どもたちが自分で問題をつくると、ちゃんと「最初にいた4羽は1羽も飛びませんでしたって」最後に書くんですよ。算数なんてそんな問題ばっかりです。「池にオタマジャクシが125匹いました。」問題文のその時点でボクはもう引っかかりますもん。池で動く125匹のオタマジャクシを正確にカウントしているこいつは何者だろうって。パッと見て全部数えられるとかただ者じゃない。「それが翌朝カエルになって75匹出ていきました。残りのオタマジャクシは何匹でしょう?」って。カエルゲートみたいなのがあって、そこから夜中1匹ずつ出ていけばいいんですけど、どこから出ていったかわからないし、水の中にまだいるのかもしれない。すると子どもたちの中から「デジタルカメラで撮ればいい」って言うやつがだいたい出てくるんですよ。賢い!「でも、カエルが棲んでいるような透明度の池をデジタルカメラできれいに撮れる?」みたいな話とかになってくると、急におもしろくなってきて、もう計算なんてとっくにできちゃうんですよね。そういう、なんだろう。なにかおかしいなってことに一つ気づくと、実は算数の計算はあっという間に終わります。なんでかって言うと、その状況が見えてくるから。ちょっと自分ごと化しているんですよね。そういうのがちょっとした工夫じゃないかなとボクは思います。

ちょっと視点を変えてみることで、物事はよくも悪くも変わってくる

塚本　なるほど。いま色々なところで講演をやられているのも、ある種、そういうちょっと視点を変えるということか、そういうことを教えられているんですね。

沼田　そのとおりです。なんか結構そういうのはいっぱいあるんで。ボクは反抗期をテーマにした本（『もう「反抗期」で悩まない！親も子どももラクになる〝ぬまっち流〟思考法』）も出していますけど、反抗期なんてものはそもそもないと思っています。親の都合でいうと「反抗期」ですけど、彼らは「自分の主張をしているだけ」です。

塚本　まあ、親から言われたことを守っていないというだけですよね。

沼田　そうそう。親の言うことに反論すると、それが「反抗」って言われるんですよ。でも、親も気づいていないのは、命令しない限り反抗はされないので、親が相当命令しているってことですよね。だから、そういう見方をちょっと変えようよっていうことを話しています。

塚本　それはやっぱり先生方も結構学びになるし、あと、親御さんにもすごく学びになりますね。

沼田　これだけ色々な情報が世の中にあふれて、「あれしなきゃいけない、これしなきゃいけない。うちはこんなことをやっています」みたいなことを紹介されると、「なんかやらなきゃいけない」って気持ちに段々なってくるんですよね。だからたとえば、イヤイヤ期だって「イヤ」って言えるようになった2歳の子って素晴らしいじゃないですか。でも、こっちの言うことを聞かないわけですよね。だからイヤイヤ期っていう。反

抗期も反抗期っていうけど、どっちも「自己主張期」なわけです。「うちの子、反抗期がすごくて」っていうのを「うちの子、自己主張期がすごくて」って言ったらうれしくないですか？

塚本　そうですね。ポジティブに捉えられますね。

沼田　逆に「うちの子、反抗期がなかったの」って言っている人がいますけど、「うちの子、自己主張期がなかった」って言ったら、それはそれでヤバくないですか？　って思う。ちょっと視点を変えてみることで、物事はよくも悪くも変わってきますよね。

子どもたちにお金の価値を伝えたい

塚本　先生はお金のことについても学校で結構教えているじゃないですか？　それってどういうところから来ているんですか？

沼田　子どもたちとスーパーに見学に行くと、50円のもやしを見て「安っ」って言うんです。「いや、もやしはさ、20〜30円だろ、相場は」みたいにボクは答えますけど、とにかく100円を切っていたらなんでも「安っ」って子どもは言う。それは違うなと思うし、とにかくわけがわからない発言が多いんですよ。

たとえば、お父さんに「ゲーム機を買って」って言うけど、ゲーム機って1台買うのに3万円くらいかかるじゃないですか？　お父さんはそのために何回飲みに行くのをがまんします？　それを子どもは「皿洗いするから買って」って言うけど、その皿洗いも3回くらいでやめてしまう。1回1万円の皿洗いってなんですか？　って。これも違うと思う。こういうことが起こるのは、子どもがお金の価値をちゃんとわかっていないからだと思うんです。価値がわかっていないなら、それは教えなきゃいけない。日本ってお金の話を子どもの前でするのはなんかよくないという風潮がありますが、子どもからお金のことを遠ざけ、ずっと隠しておいて、大学を卒業したら急にお金の中に飛びこませるじゃないですか？　それではつぶれちゃいますよね。だから、お金のことをやった方がいいなと思って。

塚本　やっぱり事前に慣れておくっていうことが必要だし、自分の頭で考えてみることが必要だと。

沼田　お金の話と一口に言っても、お金自体を追いかけることが重要なのではなく、その価値をしっかり知っておくことが大切なのだと思います。たとえば、メジャーリーグの大谷選手があれだけお金をもらえるのは、その価値を感じている球団があるからです。仮に、うちの家庭に大谷選手が移籍するって話があったとしたら、ボクは「いらない」って答えます。うちにいても多分役に立たないと思うので。ボクが野球チームを持っていたらもちろんほしいですよ。でも、うちの家庭にはいらないです。野球をしているわけじゃないし。むしろ、スーパー家政婦さんとかの方に来てもらえた方がうれしい。うちの家庭にとっては、スーパー家政婦さんの方が大谷選手より価値があることになる。そういう話を子どもたちとしています。

塚本　そうやってお金には価値があるんだってことを子どもがわかってくると、生活の仕方とかも変わってくるものですか？

沼田　子どもたちが言っていたのは、父親・母親に感謝の気持ちが生まれるっていうことです。なんだろう、子どもたちって、会社に行ったら親はお金がもらえるものだと思っているんですよね。それがただもらっているんじゃなくて、仕事をした対価として会社からお金が支払われているんだっていうことがちょっとわかってくる。仕事っていうのは、それだけ人の手がかかっているっていうことで、誰かにやってもらったことの対価としてお金が渡される。昔はこれが大根を持たせたりとか、にんじんを渡したりとかしていたのが、それが面倒くさいからお金になったんだよっていう話をすると、「親ってすごいんだな」って思うみたいです。むだづかいも減るそうです。

塚本　お金に対してセンシティブになってくるということですかね。

沼田　そうです。これは必要なのか必要じゃないのか、どういう価値があるのかとか、色々なことで考え始めるようです。

塚本　なるほど、そうか。そういう意味だと、お金の知識を直接教えるっていうよりかは、お金を題材にして物事を考えさせたりとか、ある種、実験的に色々なことをやったりすることがいいんですかね。

沼田　お金を題材にというか、お金ってもう避けては通れないと思うんですよ。お金は別に悪いものじゃないので、それをいかに伝えられるか。でも、教員でもお金のことを知らない方もたくさんいらっしゃいます。ボクは色々な形で学校の外でもお仕事をする機会があるので、そこで教えてもらいながら子どもたちにも少しずつ還元しています。

子どもたちがデフレを乗り越えた方法

塚本　「アクションワールド」っていう教室内通貨をつくったこともあるそうですね。どういうきっかけだったんですか？

沼田　子どもたちと「お金をつくってお金の勉強をしよう」という話になったのがきっかけです。アクションワールドとは教室内につくった「アクション国」という国の通貨です。始めるにあたって、まず1学期間かけて法律をつくりまくったんですよ。

塚本　それはルールっていうことですか？

沼田　そうです。ルールが決まっていなくて後づけするのはよくないって言って、みんなでありとあらゆる状況を想定して、給食当番をやると給料がいくらもらえるとか、2週間に1回アクション国の総理大臣選挙を行うとか、できる限りのルールをつくったのが1学期。それで2学期になり、最初の9月はルールの見直しをしました。ここにこういう変なことがあってっていうのを全部修正して、10月くらいから本格的にスタートしました。おかげで、彼らも一所懸命働くっていうことがわかったみたいですけど、いかんせん教室の中なので消費活動がないんですよ。生きるための消費活動が。

塚本　それこそ給食当番のような役割を果たせばお給料がもらえるけど……。もらったものを使えるところがないということですか？

沼田　そうです。お金はあるけど使うところがないから、他の人は稼げない。役割のあるいわば「公務員」の人しか稼げないわけです。そうするとなにが起きたかと言うと、超デフレ。誰もお金を使わなくなってしまいました。

塚本　なるほど。お金の価値が下がっちゃうってことですね。

沼田　そうです。お金を使ってしまうと、稼ぐのがむずかしくて次に入ってこなくなるから、出るのをおさえまくった。消費活動が止まって、なにが流行ったかというとギャンブルです。あっちこっちで、トランプがはじまったり、ジャンケンがはじまったり、くじ引きがはじまったりという具合で、このときのアクション国の総理大臣が「ギャンブル王国になっているからヤバい」と言っていたほどです。この総理は、とあるメガバンクの副頭取をおじいちゃんに持つ子で、おじいちゃんのところに行って相談に乗ってもらったそうです。それで発表した政策が「財政投入とオリンピックの開催」でした。彼らはそれで無事にデフレを乗り切りました。その数カ月後、実際の政治の世界でも安倍元首相がデフレ脱却のためにアベノミクスを発表すると、記者会見を見ていた子どもたちは「この政策はいける!」って沸き立ちました。この話でよかったなと思うのは、子どもたちが、お金をきっかけに世の中に対して興味を持ったことでした。そういう意味では、子どもたちがお金の学習をすると、お父さん・お母さんと世の中についてディスカッションをするようになる。そうすると父親・母親の偉大さに気づくみたいなのもありますよね。

塚本　お金に関して言うと、必ずしも正解ってないじゃないですか? だから、「財政投入とオリンピックの開催」の取り組みにしても、みんなが協力的にやってくれれば盛り上がるかもしれない。だけど、そこにみんなが乗らなかったら、それこそお金も回らずにうまくいかないみたいなことになるわけですよね。

沼田　そうですね。

塚本　やっぱり実験として、やってみるっていうことが大事なんですかね?

沼田　そうですね。でも……なんだろう。話は変わるかもしれませんが、子どもだからそうする必要はないとか、大人だからこうだとか、子どもと大人を分けて子どもを下に年配者である大人を上に言いがちですけど、それを突き詰めていくと昔の長老制ですよね。長老がなんでも知っているっておかしくないですか? 40歳、50歳の意見よりも年配の90歳がひとことといったら、そっちの勝ちになるって状況です。歳がいくつでも関係ないから言えばいいと思うんです。結局、小学生は大人に比べたら知識量は少ないけど、彼らは彼らなりにこの小さいところで考えていいます。それはそれで考えさせていいと思う。大人からしたら甘いなって思うところはあるかもしれない。でも、彼らが彼らなりにやっていることをちゃんと認めてあげると、それはどんどん学びにつながります。ボクらは知らない間にたくさんのことに縛られているから、子どもに言われて「その手があったか」と「ハッ」とすることっていっぱいありますよ。

塚本　そうですよね。発想がやっぱり豊かというか自由だし。

銅には銅の価値があります

塚本　卒業された教え子たちもいっぱいいるじゃないですか？　彼らは沼田先生の授業を振り返ってどう言っているんですか？

沼田　最近徐々に大学生が増えてきて、一緒に飲める機会も増えてきました。そのときに言ってくれてうれしかったのは、「基本的になんでもやらせてくれるよね」ってことです。

塚本　なるほど。

沼田　あと、これはダメだなって状況になると、いつもぬまっちから「やめたら？　別に続ける必要はないよ」って言ってくれるよねって。普通の先生だったら「最後まで続けなさい」って言うのに、沼田先生は「やめていいんじゃない？　苦手なものを無理して続ける必要はない」って言うし。あとは、「得体のしれない成功の自信がつく」とも言っていました。「あのとき俺たちはがんばってできたから、やればきっとまたできるよ」って。

塚本　経験ってやっぱりすごく大事だと思います。特に社会に出たときに生きてきますよね。世の中、正解をずっと出し続けることってできないじゃないですか。正解が出たりまちがったりで、まちがえても立ち直って次の一歩を踏み出していくってことをやらなければいけないのだけど、学校の授業だと、いつも正解を出していかに高い点数を取っていくかっていうことが重要視されてしまう気がします。まちがえてもいいっていうのはあまり教えられないですよね。

沼田 「まちがい」って言いますけど、正解じゃない方法や答えを1回出したってだけですよね。

塚本 そうですね。

沼田 「まちがえた」って言うからそうなっちゃう。これも最近すごく言っているんですけど、世の中が自己肯定感にとりつかれているじゃないですか？　自己肯定感を高めるために、たとえば、運動会で3位だったのに、がんばったから金メダルとか言っちゃうけど、3位は銅メダルですよ。銅には銅の価値があるわけで。

塚本 そうしているとチャレンジしなくなっちゃうってことですか？

沼田 そう。それを金に変えるっていうのはやっちゃダメでしょうって思うんです。それで育った肯定感は偽物だから、すぐ折れますよ。

世の中を見るきっかけとして「お金」がある

沼田 そういう意味ではビジネスラボで金融教育としてバーチャルの株取引などもやっていますけど、元本割れした子はやっぱり悔しそうな顔をしているし、それを見てボクは「大丈夫だよ」とは言いません。「これがゲームでよかったな。本物だったらアウトだぜ」って言っています。

塚本 ラボをやられていて、子どもたちが興味を持って入ってくると、最初に1千万円もらえるんですか？

沼田 そうです。

塚本　それで、それをいかに増やすかっていうことを競争するると。基本的に株式に投資をするっていうことで増やしていくんですか？

沼田　そうです。ただ、ボクは詳しくないんですけど、中にはもうFXとかをやっている子がいるんですよ。

塚本　なるほど。

沼田　1千万円っていうお金はもちろんゲームの中のものですが、色々な国の通貨や株価が実際の市場と同じようにほぼリアルタイムで上下するので、あたかも本物みたいに取引できるんです。いまのゲームってすごいですよね。それを使わせていただけるのはありがたいと思いますね、しかも無料で。

塚本　最初は、単純にゲーム感覚で売ったり買ったりする形になりますよね？

沼田　なります、なります。

塚本　それで終わっちゃう。まあ、終わってもいいのかもしれないけど、そこからさらに学ぼうっていう感じになってくるんですか？

沼田　短期で売ったり買ったりするうちにそこに手数料が発生していること。株価もそんなに毎日毎日、大きく上がったり下がったりしないじゃないですか？　やっていると子どもたちも段々とそういったことに気づくんですね。

塚本　なるほど。たとえば、決算が出たりとか、新商品が出たりとか、色々なことに反応して値動きをしますよね。やっぱりそういうニュースなどにも興味を持ち始めるってことなんですか？

沼田　そうですね。だから本当に、新型コロナウイルス感染症がはじまったくらいのラボは、どこの製薬会社が特効薬をつくるかっていうので、製薬会社の株を買っていた子が何人もいますね。あと、巣ごもり需要が高まってくると、家で使用する電力が増えるはずだから電力会社が伸びるって言っていた子もいました。

塚本 なるほど。値動きが起こるそのロジックを考えるっていうことはとても大事ですよね。世の中がどうやって動いているのかを自分で調べて、ゲームの中で生かしていくっていうことをやれると、実生活でも同様に、世の中がどういうふうに回っているのかがわかってくるかもしれないですね。

沼田 それがわかってくると、実はもうニュースを聞いているだけで勉強になっているんですよ。なにを言っているかわからなかったはずの話が、ちょっとずつわかってくるから。今日、ラボの6年生が「この前、いきなり円が5円高くなったでしょ？　あれは絶対、政府が介入したよね。介入して、お金がないからまた借金をつくる気だよ」「誰かが得するんだよ」なんて会話をしていて、ちょっと怖いなと思いましたよ。

塚本 なんかエコノミストと話しているみたいですね。

沼田 「絶対政府が介入したよね」とか、子どもがかわいい顔をして言っているんです。おもしろかった。

塚本 世の中がどういうふうに動いているのかに興味を持つようになると、その中で自分が本当にやりたいことはなにかみたいな、仕事についても考え始めるってことなんですかね？

沼田 そうかもしれませんね。どういう仕事がいいのか、悪いのかはわからないんですけど。ただ、彼らはボクが子どものころとは違って、いまやりたい仕事が彼らが大人になったころにもあるのかわかりません。たとえば、いまユーチューバーが人気ですけど、最近はティックトックとかも出てきているから、将来もユーチューブというプラットフォームが変わらずあるとは限りませんよね。TVもなくなる、なくなるって言われて、全然なくなってないし。どうなるんだろうっていうことが読めないからかわいそうだと思います。結局、子どもたちも色々な力をつけておくしかない。そのためにも世の中を見るきっかけとして「お金」があるのかもしれません。

塚本　そういったお金の授業をやっていく中で、僕も高校の先生方とお話しをしているときに、やっぱり学校は善悪を教えるところだから、あんまり損得は教えたくないって言われることもあったんですよね。沼田先生のところでも反対される先生はいらっしゃるんですかね。

沼田　いるかもしれないですね。ただ、学校全体でやっているわけじゃなくて、ボクのラボだけでやっている話なので。

塚本　しかも選択制だし？

沼田　そうです。うちのラボに来たいっていうのは、おそらく後ろで親に「行きなさい」って言われている子が多いですよ。

塚本　なるほどね。

沼田　だって、子どもからしたら、そんなに魅力的じゃないですもん。「ビジネスラボ」って名前からして入らないですよね。子どもだったら「スポーツ」とか「造形活動」みたいな方に絶対行くから。

塚本　じゃあ、あんまり親御さんから「そんなことしないでください」みたいな反対意見が出ることはない感じですか。

沼田　そうですね。うちのラボは反対どころか親が猛烈バックアップしていますね。校外活動に行くのに「ちょっと人が足りないから」って言うと、17人しかいないラボなのに10人くらい親がついてきちゃうほどです。そのうち親の方が多くなるかもしれない。

塚本　むしろ親の方が参加したいのかもしれませんね。

沼田　そうそう。本当そうなっているので、ありがたい限りですね。

塚本　世の中一般で言うと、やっぱりお金のことは子どもたちにあんまり心配させたくないっていう思いがあります。今回、高校で金融教育が拡充されることが話題になる中で、学校でお金について教えるべきなのかについては議論が分かれるところですね。ただ、必ずしも投資の話だけをしているわけではないし、家計管理やライフプラニングのように、人生のことをお金で考えるっていうテーマも扱っています。どういうふうに伝えていけば、学校内でお金について教えるのを反対という人たちにも理解してもらえますかね。

沼田　とりあえず、うちのラボで一つ言えるのは、別にお金があるから偉いわけではなく、お金がないからダメなわけでもないということです。「金持ち／貧乏」と「幸／不幸」は別の話ですよね。お金があるとできることが広がるのはまちがいないから幸せっていう人が多いだけの話であって、別にそうじゃないところにも幸せはあります。また、損得が善悪でもない。それはやった結果がそうなるだけのことです。むしろ、ルールを知っておくことの方が大事で、ルールを知って負けたんだったら仕方ないけど、ルールを知らないで負けたら悔しいじゃないですか？

塚本　そこがポイントかもしれないですね。

ビジネスラボについて

塚本　ビジネスラボの仕組みってどういうふうになっているんですか？

沼田　そうですね。まず、うちの学校にはラボっていう時間がありまして、そのラボに各先生が自分たちの研究するトピックを出すんですね。それを読んだ子どもたちは自分の行きたいラボに面接に行きます。そこで自分のやりたいことと先生のトピックを摺り合わせて「ここならできそうだな」となったら、そのラボに所属します。4年生から6年生が対象で、週に2回、それぞれ1時間半ずつ研究をしています。ボクのビジネスラボは研究テーマが「ビジネス」なので、ユーチューブのマネタイズについてやっている子もいれば、物の流通についてやっている子、広告をやっている子、プロ野球の球団経営を考えている子など、色々な子がいて、それぞれディスカッションしながらそのビジネスについての知見を広げていっています。

塚本 なるほど。じゃあ、ビジネスっていう範疇であれば、ある種、自由研究っていうか、自分でテーマを決めてやれるということなんですね。それで、実際に自分が研究している内容について、そのラボの中で発表したり、意見をもらったりしていると。

沼田 はい。ビジネスって子どもには縁遠いので、最初の30分くらいはその日のテーマについてボクが話し、あとの1時間はネタごとに集まりみんなで色々なところでディスカッションしています。その日のなにかが学びになっていればいいねっていう感じですね。

塚本 結構、外からも講師の方を呼ばれていますよね。

沼田 そうですね、はい。ありがたいことに、もう本当にいろんな方に来ていただいています。名前を言うとみなさんが「えぇっ」って言うような日本のトップランナーたちが来ていて、ラボの保護者さんも「ちょっと、なんで私たちに聞かせてくれないの?」って言ってくるほどです。

塚本 どういった方が来られるんですか?

沼田 ビジネスの経営者、芸能マネジメント会社の社長、ラーメンチェーン店の社長もいました。あとはなんだろう、出版社の編集長とか、誰でも知っているような会社の人とか、広告の人とか、色々な人が来てくれますね。

塚本 なるほど。多分親御さんが「聞きたい」って言われるような内容ばっかりですよね。

沼田 もちろん。もちろんそうです。

塚本 でも、子どもたちが話を聞いてもやっぱり学びにもなるし、子どもたちからも色々な質問があがるんですよね？

沼田 質問や意見があがりますね。「その意見はおもしろいから、企業に持って行ってみなよ」って褒められていた子もいます。

塚本 そういう形で現場の人と直接やりとりをするのもいいですね。

沼田 オンラインのおかげでそういうのがやりやすくなりましたね。大物が来てくれるというか。少年野球でも同じじゃないかと思うんですけど、プロ野球選手が来てくれたら、なにも教えてくれなくてもいいわけですよ、いてくれるだけで。そういう感じがあるんですよね、みなさん。

塚本 なるほど。オンラインがこれだけ増えて、参加しやすくなっているってことですよね。

沼田 あちらにとってみても、「30分教えてくれ」ってお願いしたら、会社にいながら30分だけ時間を取ってくれればできるわけですから。いままでだったら「来てくれ」ってなると、やっぱり4〜5時間つぶしちゃうんで。そこは変わりましたね。

塚本 小学生の子どもたちと接する中で、講師の方にも学べることがあるんですか？

沼田 それがなんかすごくおもしろくて、何回も来てくれるんですよ。

塚本 へー。

沼田　だから子どもたちも「あ、○○さん、お久しぶりでーす」とか言って、むこうもむこうで「あの子たちの成長を見たい」って言ってくれて。普通だったら1回でもやってくれないぐらいの謝礼しか払っていないのに、何回も来てくれるんですよ。途中から「お金はいらない」とか言って。むこうもおもしろがってくれているからいいんですよね。

塚本　やっぱり子どもたちの自由な発想がおもしろかったり、あとは実際に色々と自分たちのビジネスにも使えるようなアイデアがあったりするのかもしれないですね。

「1万円の価値を残す」にはどうしたらいい？

沼田　お年玉でもらった1万円の価値について子どもたちと話し合ったことがあります。お年玉をもらったら「むだづかいしないで貯金しなさい」って、子どもたちはやたらと言われますよね？　ボクはこんなふうに話したんです。「君たちにははっきり言おう。いま、君たちがもらった1万円にはものすごい価値がある。もらった1万円を貯めておいて「大人になってから使う」って言うけど、大人になってしまったら1万円にそこまでの価値はない。ちょっといいお店に行って一晩飲んだらなくなる。いまの君たちが持っている「1万円の価値を残す」にはどうしたらいい？」って。そうやって話をしたら、ある子が高級寿司店のカウンターに行って「大将、おまかせで」って言ったんです。

塚本　かっこいい。

沼田　お寿司屋さんには親御さんが「こういうので1万円で握ってください」と前日に事情を話してお願いしていたそうなんですが、22歳になったいまでも彼は「いまだにあのドキドキ感ハンパなかった」って言いますね。

塚本　それはすごい経験をしましたね。

沼田　彼は子どものころのその1万円の価値を1万円のまま持っているんですよ、ずっと。それは別に貯めるなってことじゃないですけど、お金はその価値をわかっていて使いたいなっていうことなんです。

塚本　そうですよね。とかく、親からすると「貯金しなさい」とか「むだづかいはダメだよ」って言って、逆に、お金を使うチャンスを摘んじゃっているような気がするんですよね。ある種、子どもが失敗しないように、親が先回りしすぎちゃっている。

沼田　そうかもしれませんね。

むだづかいと好プレー

塚本　個人的にはある程度の範囲の中であればいっぱい失敗をした方がいいんじゃないかなと思うんです。むだづかいをして「あっ、これ買っちゃって失敗だったな」っていう経験をしてほしいなと思うんですけど……。

沼田　むだだと思う物を買うことがむだづかいだと思うんですけど、その商品を命がけでつくった人がいるわけですよね？　ということは、そのつくった人の作戦に「はまった」っていう側面がありますよね。

塚本　だまされちゃったみたいな？

沼田　だまされたっていうか、「買おうかな」っていう気持ちにさせた相手の好プレー。こっちは好プレーでやられたよねっていう。そういうのっていっぱいあるじゃないですか？

塚本　ありますね。

沼田　いつもだったら買わないけど。

塚本　なんかすごくおもしろそうなゲームだけど、やってみたらつまらなかった、みたいな。

沼田　そうそう。それはでも広告・宣伝の人がすごく上手だったとか。たとえば、映画のパンフレットって、いい映画を見終わったあとにほしくなるんですよね。あれが本屋で普通に売っていても、買う人は少ないんじゃないですかね。

塚本　そうですね。

沼田　だけど、それもうまいじゃないですか。

ボクがどう教えるかではなくて彼らがどう学ぶか

塚本　やっぱりそうやって教えている中で先生として気づくことって結構いっぱいあるんですか？

沼田　先生としてっていうか、もはやラボの中では先生でもないですね。普通にしゃべっていますし。

塚本　ある種、自分も参加者になっちゃうみたいな感じですか？

沼田　そうです。メタバースとか、逆に教えてもらっていますよ。ボクには全然わからない。

塚本　確かにね。たとえば、ゲームなんかだと子どもたちの方が圧倒的にうまいですよね。

沼田　うまいです、うまいです、本当に。学生の実習生も来ますけど、インスタとかティックトックはあの辺に習った方が早いです。

塚本　先生も参加者として色々なことに参加するっていう形になると、多分、授業のやり方も変わってきますよね。

沼田　そうですね。ボクはおもしろがっちゃっていますからね。

塚本　「こういうふうにやりなさい」ってことを言わずに、子どもと一緒に一参加者として全体を見ているっていういうような形になると、子どもたちは自発的になんらかをやらなきゃいけなくなってきますね。

沼田　まさにおっしゃるとおりです。それが先ほどの「ボクがどう教えるかではなくて彼らがどう学ぶか」といった話につながります。ビジネスラボでも、最初の最初30分くらいは「いまの円安って、仕組みはこうなっているんだよ」などと説明をしますが、あとは子どもたちと同じ一参加者になります。最後に彼らの発表を見て、このラボはうまくいったなとか、ちょっとダメだったなとか、もうちょっとなにかやったらよかったなとか、色々ありますけどね。

家庭では子どもとお金の話を積極的にしてもいい

塚本　親御さんの立場に立って考えると、お金のことを家ではどういうふうにやったらいいと思いますか？　教えるってことではないのかもしれないですけど。

沼田　そうですね。お金の話を積極的にしてもいいと思います。収入を言わない家庭もありますね。言わない方がいいであろうと思う理由の一つに「うちの父ちゃんいくら持っているんだよ。おまえんちより稼いでいるんだ、すげえだろう」ってマウントを取ろうとする勘違いした子どもが出ちゃうからっていうのはあるでしょうが、生活費については、たとえば、食費がいくらかかっているとか、それぐらいは言ってもいいんじゃないですかね。その食費をこういうふうに使ってっていう話をしてもいいと思いますし、旅行に行くのに、今回の予算はこれくらいだから、これで最大限楽しむのにはどうしたらいいかっていう話をしてもいいと思うんです。

塚本　それに実際にどのくらいの価値があるものなのかっていうことを子どもなりに理解できるようになってく

ると、だいぶ変わってきますよね。

沼田 その辺は理解すればするほど子どもの発言って変わってきますね。最近の値上げについて子どもたちと話す機会があったんです。ボクの高校時代に600円台だった東京の最低時給が、いまはもう1000円を超えている。けれども、うまい棒はずっと10円だった。これって奇跡じゃないか？　って話をしたら、「もうちょっと耐えたら賃金アップもあるな」っていう答えが返ってきて驚きました。

塚本 なるほど。世の中変わってくるかもしれないと。

沼田 そう。「でも、アメリカみたいにラーメン一杯が2000円とかになったら、それはそれで困るよね」とか、「昔はラーメン一杯100円だったたって人がいるけど、初任給も低かったから、実はなにも変わってないのかもしれないね」って声もありました。「こんなに周りの国が値上げしている中、お客さまのためにがんばってみんなで絞りあって、日本人ってすごいな」とも言っていて、おもしろいなと思いましたね。

塚本 そういう話を聞いていると、小学生とはいえ、ほとんど内容的には大学生とか社会人がしゃべっているみたいですね。

沼田 そうです、そうです。多分、深い話をすれば、きっと小学生だなって気づくところがいっぱいあるでしょうけど、彼らは彼らなりに一所懸命話しているので、それはそれでいいんだと思います。

お金の価値

沼田 ご家庭でお金の話を積極的にすることの効用として、塾とかで真剣になる子も多いです。

塚本 ああ、塾代とかを聞くと。

沼田　だって、塾代って毎月ビデオゲーム機のスイッチが1台買えますよね。

塚本　そうですね。すごい価値ですよね。

沼田　「いやー、2カ月目からは本体はいいからソフトを買ってほしいな」なんて冗談を言う子どもに、「お父さん、お母さんはそのぐらい価値を感じて塾に行かせているんだから、しっかりやってこい」って言っています。

塚本　いやー、でも、本当に小学生にそこまで理解できるっていうのは、ある種、驚きかもしれない。僕の場合、高校生のお子さんをお持ちの親御さんに同じような話をしています。大学でかかる入学金や授業料を子どもが知ると、子どもは真剣に勉強するようになりますよって。沼田先生のお話をうかがっていると、多分小学生でもそのぐらいは全然理解できるし、ちゃんと意図を理解してがんばれるっていうことですよね。

沼田　そうですね。まあ、多分、あの子たちはお金のためにがんばるって気持ちはあんまりないんでしょうけどね。でも、お金の価値は感じていると思います。

塚本　実感できるってことですね。

沼田　「ディズニーランドに遊びに行くからおこづかいをもらった」って子どもが言うんですよ。「普段、おこづかいはいくらもらっているの?」って聞いたら、「500円」って。「今日はいくらもらったの?」「2000円!今日一日でいつもの4倍、4カ月分遊んでいいっていうことだね」「それ、めっちゃ幸せだな」って言ったら、ニコニコして2000円を使ってきましたね。

塚本　なるほど。お金の価値を実感して、実際にお金を使って、お金を使ったことが喜びに変わるっていうところは結構大事で、なるべくお金を使わないようにっていう発想になっちゃうよりかは、このお金を使う価値ってなんだろうっていう方へ意識が向かうといいと思います。

沼田 そうですね。いまの話にピッタリするたとえではないのかもしれませんが、旅行でラスベガスを訪れたときにカジノでギャンブルをしたことがあったんです。勝ったり負けたりしながら続けていて、そろそろ帰る時間が近づいてきたかというときに「もう1時間だけやらせてほしい」って同行していた妻に言ったら、「わかった」と快諾してくれました。「ルールもわかっているみたいだし、なによりニコニコしてやっているから、そこにお金を使う価値があるんだと思う」って。

塚本 なるほど。楽しんでいると。

沼田 「楽しんでこい」って言われてやって、気持ちよく負けちゃったんですけどね。でも、ボクの中でもあの延長には価値があったなと思いますね。

塚本 とかくギャンブルはいけないことっていうふうに教えます。それ自体はまちがっていないのかもしれませんが、価値や自分の中でお金を使うルールっていうものがしっかりあるのであれば、いけないことではないのかもしれませんね。際限なくお金を使っちゃって、借金することになったっていうのはまずいですけど。

沼田 自分がコントロールできる範囲内で、自分が満足してお金を使う分には、ボクもいいと思います。お金の使い道は人それぞれですし。自分のレベルを超えて、借金までしてやるとか、コントロールできないくらいの大きなものを動かすとなってくると、話は変わってきますけど。身の丈に合ったお金の使い方をしていれば。だって、マンガを買うのはいいわけじゃないですか。

塚本 そうですね。まあ、金額が小さいからいいっていうことになるのか、本当にその効用があるかどうかをわかって使っているからその範囲内だったらいいっていうことになるのか。やっぱり金額の多寡は確かに年齢によって変わってくるかもしれませんけど、基本的なコンセプトってあまり変わらないかもしれないですね。

沼田 そうですね。それが自分にとって価値があるのだったら使えばいいし、コントロールできる範囲で。それでいいと思いますしね。

失敗を経験させる

塚本 やっぱり、いままでお金に関しては教わるとか学ぶっていう機会がそれほどなかったかもしれないので、大人になってから失敗する人って意外と多いじゃないですか。特に社会人になってからクレジットカードを使いすぎちゃって、日々の生活が苦しくなっちゃうみたいな経験をして、その経験があるからそのあと偉くなったとか、普通の生活ができていますっていう話をよく聞きます。

沼田 ボクは金融アプリをつくったときに、借金をする場合にはちゃんと「借金をする」っていう項目をつくったんですよ。

塚本 なるほど。

沼田 なんでかと言うと、子どものうちに家庭内で1回破産させようと思ったんです。

塚本 ああ、そういう経験をさせるってことですね。

沼田 そうです。破産するっていうのはいいことじゃないけど、でも、すごくポップで簡単にお金を借りられて楽しそうなCMがあるじゃないですか？　ああいうのに惑わされて軽い気持ちでお金を借りて、あとからとんでもないことになる人もいっぱいいるわけで。だから、小学校とか、子どものころに家庭内破産っていうんですか、それを1回してみるといいんじゃないかと思いました。

塚本　なるほど。アプリを使ってお金を借りるっていう経験を家庭内でやってみる。結構学びにもつながるかもしれないですね。

沼田　そうなんです。お金を借りると1回10円の皿洗いとかで返していくことになるんですが、それこそ一機3万円のゲーム機を借金して買ったなんてことになると、返していくのが結構大変です。

塚本　ブラック企業みたいな、そんな感じになっちゃうんですね。

沼田　「だから、それくらいの価値があるもんなんだよ、このゲーム機は、わかる？　って。3万円って簡単じゃないんだよ」って伝えます。「君たちはお年玉で、やれ5千円もらったとか1万円もらったとか言っているけど、その1万円のために一日中働いても1万円を稼げない人だっているよ。それ、どういうことだかわかる？あなたに一日分以上をあげたっていうことだよ」って話はよくしますね。

塚本　なるほど。そうやって具体的にお手伝いをしたらいくらもらえてっていうふうに、ある種のルールを設定して、たとえばゲーム機を買いたいから、じゃあ3万円貸しますよと。それで普通に返済しましょうっていった段階で、返済するのも大変だし、金利分でも相当なものになっちゃうって経験をするのは結構おもしろいかもしれないですね。

沼田　実はそのアプリには金利の設定もあります。だから返済が遅れればきっちりと利子がつきますし、反対に早めに返してしまうっていうのも選べるようになっています。

塚本　あと、お金を貯めると利子がつく？

沼田　もちろん。でも、貯金の利子っていうのはちっちゃいですけどね。

塚本　実際の社会の仕組みと同じような感じにしているのですね。

沼田　同じにすることに意味があると思っています。せっかくゲームの中でなにかを学んでも、現実では違うってなったらしょうがないので。

お金の価値だけを純粋に学べるのが子ども時代のよさ

塚本　家庭内でお金が回る仕組みをつくって、色々な実験をしてみるっていうのもおもしろいかもしれないですね。

沼田　ああ、ビジネスラボに参加している子で、家で居酒屋をやっている子がいますよ。

塚本　居酒屋をやっているんですか？

沼田　はい。お年玉を資金にして、自分でちゃんとスーパーに行ってお酒を買って、おつまみを買って、1杯いくらでお父さんに飲ませている。

塚本　売っているんですね。

沼田　利益もちゃんと乗せています。ハイボールが儲かるって言っていました。

塚本　なるほど。原価が安いからとかそういうことなんでしょうかね。

沼田　それはわからないです。あと、お父さんとしても娘に注いでもらっているわけですから、そりゃあねえ。「隣に座っちゃダメだぞ」ってボクは言いましたけど。「隣に座ったら、ちょっと違う法律に引っかかっちゃうから、正面から注げ」って。

塚本　でも、そうやって商売を経験するのもすごく大事ですよね。

沼田　家の中でコーヒーを出したり、中には朝ご飯をつくっているなんていう子もいます。それらは別にお金儲けがしたいからやっているというわけではないんですよ。働くことによって相手に喜んでもらう。相手に喜ばれないと支払われたそのお金に価値はないって、ラボで言っているからだと思うんですが。

塚本 深いですね。お金って、金額は決まっているけれど、基本的にはお金自体に価値はないですよね。

沼田 そうなんですよ。

塚本 だから、あくまでもお金ってなにかをやった見返りとしてもらえる、そういうものだっていうことを知るのはすごく大事ですよね。

沼田 多分、お金の本当の価値だけを純粋に学べるのが子ども時代のよさなんだと思います。大人になると、生活という重いものが乗っかってきて、やりたくなくてもご飯を食べるために追い込まれて働かなきゃいけなくなりますが、子どものうちは親の加護のもと、生活にかかるお金については考えずに済みますから。

塚本 そういうふうに学んでいけば、大人になったときもいままでやってきたこととあんまり変わらないな、ちょっと応用すればいいんだなって、そうなりますよね。

沼田 もちろんそうですし、変わらないはずですよね。まあ、稼ぎ方とかが変わっちゃうということはあるのかもしれないですけど。

変わるお金の概念

沼田 近年、お金がなくなってきているから、お金を使う機会自体が減ってきていることにむずかしさを感じます。

塚本 ピッてやつですね。

沼田　だからお金を渡されるっていうのを、数字で理解しなきゃいけなくなっているんですよね。そこが…なんだろう。

塚本　ちょっとハードルが上がりますよね。

沼田　うん。ハードルが上がるっていうか、彼らにとってはそれが普通かもしれないけど、ボクらは現金を見て生きてきたから、意識を変えていかなきゃいけないんです。

塚本　北欧なんかだとキャッシュレス率がものすごく高いそうですが、子どもにお金のことを教えるときだけは現金を使うって聞きました。やっぱり、減っていくのが見えてこないと、なかなかその価値を見いだしにくいっていうか、理解しにくいっていうところがあるようです。

沼田　やっぱり可視化するのがむずかしい。それはそう思います。

塚本　まあ一応、キャッシュレスの場合は履歴を取ることができるので、調べれば自分がなににお金を使ったかっていうことはわかりますが、これからの金融教育のあり方もだいぶ変わってくるのかなと思います。

沼田　実は個人的には、17、8年前からキャッシュレス生活をしています。

塚本　そうなんですか。

沼田　なんでもクレジットカードで買っているタイプなんです。そうすると、毎月の明細を見たら「おこづかい帳」になっているじゃないですか？

塚本　はい、はい。

沼田　明細を見て「今月は使いすぎたな」みたいなことはやっていて、キャッシュレスに慣れてはいるので、一応、子どもたちにも教えられますけど、でもやっぱり子どもたちにとっての100円玉の価値というのがあるので、日々そこは考えながら、工夫しながらですね。

塚本 いまなら100円玉だったら、たとえばジュースが買えるとか、100円で買えるなにかそのイコールとなるものがパッと思い浮かぶけど、100っていう数字だけになっちゃうと、そこが結びつかなくなっちゃうってことですかね。

沼田 そうなんです。それを結びつけられるようにしていかなきゃいけないですね。これからきっとそうなりますからね。

「一緒にやろうよ」って思います

塚本 お金についての教育もこれから結構変わってきそうですね。

沼田 そうですね。ただ、なんだろう。これは先生たちが悪いわけではないのですが、学校の先生ってお金について学ぶチャンスは少ないんですよ。だって小中高大と学校の中で育って、また学校に戻っていますから。

塚本 そうですね。そういう先生たちってどういうふうに学んだらいいんですかね。

沼田 それはもう文部科学大臣にお願いするしかないのかもしれません。先生っておもしろいもので、「1%のマジョリティー」とボクは言っていますが、全就業人口の中で1%しかいないのに、その1%だけが集まって仕事が見事に完結するんですよ。1%が残りの99%のご子息を教えるので。「お金のこととか、先生はわかっていないんじゃないの？」って声を聞くこともありますけど、わかってないですよ。そういう意味では先生たちも一つひとつ学んでいくしかないですよね。

塚本 先生たちも自分たちでとりあえず実践していくってことですね。

沼田　そうですね。ボクらは世の中のことについてもっと学んでいかなければいけない。逆に、みなさんにも学校のシステムについて知ってほしいとも思います。

塚本　ただまあ、お金の教育をすべて学校でやってくれっていうのもちょっと違うのかもしれないですね。家でも色々な形で教えたり実践させたりする機会があって、学校でも一部学べるって、そういう組み合わせがいいのかもしれないですね。

沼田　それはすべての勉強についてそうですよ。これは学校とか、これは家って棲み分けをするのは、ボクは好きじゃなくて、「一緒にやろうよ」って思います。「ここまで学校でやったからあとは家でよろしくね」とか、「家でこれをやってきたので、じゃあ学校で取り上げてみようか」みたいな形で進められるといいなと思っていますね。

塚本　子どもたちが学校でなにを学んできているのかとか、どういうことをやっているのかっていうことを親御さんが知るっていうのはすごく重要なことなんですね。

沼田　そうですね。上手にコミュニケーションを取ってお子さんから聞いていただければと思います。

塚本　なるほど。そういう形で、家庭でもやって学校でもしっかりやるっていう形でうまく循環していくと、経験が倍増していきますね。

親御さんへのメッセージ

沼田晶弘

沼田　「子どもだからできない」とか「子どもには早すぎる」っていうようなことは、「ない」とボクは思っています。子どもには子どもの世界で考えることがあり、大人には大人の世界で考えることがあって、それらがぶつかりあう中で子どもが世の中に対して興味を持つことがいちばん大切なことです。たとえば、色々なニュースを一緒に見て「これどう思う？」って話をするだけでも、子どもにとってはものすごく大きな経験になると思いますし、金融教育というのもお金がテーマだというだけの話です。お金があるからいいとか悪いとかではなく、お金というのは価値なんだっていうことが一つわかってくれれば、子どもたちは自分の将来をどんどん自分ごと化していけるようになります。忌憚なく意見を言い合うことで学びは深まりますので、ぜひやってみてください。そして、子どもたちに「大人になったら楽しいよ」ってことを伝えられたらいいなと思います。

（取材日：２０２２年10月25日）

沼田晶弘（ぬまたあきひろ）——東京学芸大学附属世田谷小学校教諭。１９７５年東京都生まれ。児童の自主性・自立性を引き出す斬新でユニークな授業が話題となり多くのメディアで取り上げられる。『もう「反抗期」で悩まない！ 親も子どももラクになる〝ぬまっち流〟思考法』『one and only —自分史上最高になる』『「変」なクラスが世界を変える！ ぬまっち先生と6年1組の挑戦』などの著書のほか、お金の使い方や価値を学ぶアプリ「PIGUCHI（ピグっち）」をはじめ「満点ゲットシリーズ せいかつプラス ちびまる子ちゃんのお金の使いかた」など監修多数。

取材協力●川勝一英、東京学芸大学附属世田谷小学校、品川動画配信スタジオ

漆 紫穂子

品川女子学院理事長

お金は夢を叶える手段にもなるし
足をすくわれるリスクにもなる

入学説明会では親にも子にも学費のことを伝える

塚本　まずはこちらの品川女子学院の特色についておうかがいしたいのですが、中高一貫の女子校ということで、卒業した生徒のほとんどの方が基本的には大学に進学されているようですね。

漆　そうですね。4年制大学にほぼ100%進学しています。

塚本　親御さんも大学進学を見据えてこちらに子どもを通わせていると思うのですが、お金の心配をかけたくないから「子どもにはお金のことは話さない」って傾向はありますか？

漆　どうでしょう、割とお金の話もしていると思いますよ。本校では学校パンフレットにも6年間の学費がいくらかかるかは明示されていますし。そういうことを知っているのは子どもにとっても大切なことだと思うので。

塚本　そうですか。親御さんだけじゃなくて子どもにも知らされているんですね。学校の入学金や授業料って、初年度いくらで2年目以降いくらっていう書き方をしているところが多いと思うんですけど、こちらのように総額ベースで明示されているのは珍しい気がします。

漆　修学旅行や芸術鑑賞などの校外活動にかかるお金、制服代や検定の費用など、いわゆる授業料には含まれていないお金が家庭にとっては結構大事で、急に集金すると言われても困りますよね？

塚本　そうですね。来月10万円必要とかいきなり言われても困っちゃいます。

漆　そうそう。だから、そういうのも全部含めて学費はだいたいこのくらいっていうのを伝えています。いまだと、6年間トータルでおよそ600万円、海外修学旅行は8日間のコースと3週間のコースがあるのですが、3週間のコースを選ぶと650万円近くの学費がかかると伝えています。

塚本 やっぱりそのくらい明確に金額を伝えてあげられると、親御さんは計画的に準備しやすいし、そういう金額がかかっているんだっていうことを子どもたちが知れば、まじめに勉強しなきゃと思いますかね。

漆 そうですね。月あたり4万円の授業料がかかっていますから、授業の時間単価も生徒はわかりますね。学校説明会のときには財務諸表の話もしているんです。ホームページに「予算・決算関連情報」というのがあって、お金の使い道というのは経営方針や価値観の表れだから、そういうところもどうぞご覧くださいって。

塚本 なるほど。会社のIR(投資家向け広報)っぽい考え方ですね。役員報酬からなにから公開しています。

お金は夢を叶える手段にもなるし足をすくわれるリスクにもなる

漆 子どもにお金のことをどう伝えるかということでお話しすると、お金っていうのはきれいも汚いもなくて、夢を叶える手段にもなるし足をすくわれるリスクにもなる。将来仕事をしていくうえでもその教養を身につけることは大切です。だからお金の教育が必要だというのが私たちの考え方なんです。こんなふうに考えるようになったのは、2006年ぐらいからだと思うんですけど、ちょうど企業買収で世間が賑わっていたころです。当時はお金のことをあまり教育されないまま大人になる人が多かったので、こういうふうに企業が簡単に売り買いされるような社会が進むと、国内ばかりでなく海外からも日本の企業が買われちゃうんじゃないかと危機感を持ったんです。その危機感がきっかけとなって、株式学習や起業体験プログラムなどをはじめとした金融経済教育の取り組みをはじめました。その後、不動産の授業もはじめ、もう9年目になりますかね。

塚本 不動産というと、どういうことを勉強されるんですか？

漆 ファイナンシャルアカデミーという外部のスクールが講師を無償で派遣してくださり、不動産をテーマに価値と価格を考える授業を家庭科の時間にしています。何回かのシリーズになっていて、特に盛り上がるのが「理想のおうち」というテーマです。将来、住んでみたい家を生徒がタブレットで検索して見せ合い、お互いに感想などをシェアしたあとに「その家を買うためにはどのくらいの年収と与信が必要か」というようなことをやるんです。そうすると、年収が高くてもそれほどお金が借りられない職種があることにも気がついて、意外と大変だなってことが子どもたちにもわかるんですよ。「ある程度、お金の面からも職業ってものを考えないと理想の家から遠くなってしまう」と考える子がいる一方で、「そういうことを計算して職業を選択したくない」っていう子も出てきて、おもしろいなと思います。授業を受けていちばん多いのが「お父さん、お母さんが、がんばっていることに気がついた」という感想です。自分の住んでいる家のことを振り返ったとき、衣食住や自分が私立学校に通うっていうことに、お父さんやお母さんがどれほどがんばらなきゃいけないかというのを実感するんでしょうね。

塚本 なるほど。どのぐらいの年収になるかというのは、それこそ自分の選択する職業の平均的な年収を調べればわかると思うんですけど、そこで、お金が借りられるかどうかっていうのは、普通だとあんまり考えない視点だと思います。

漆 そうなんですよ。でも、それはすごく大事なことだと思っています。特に女性の場合、子どもを産むといったライフイベントの可能性や、子育て、介護、家のことなどの面でも男性に比べてまだ負担がかかりがちな社会です。それらの負担と「働く」ということを両立しようと思ったら、未来から逆算して長期のライフデザインを描き、その中でお金のことも計画するっていうことが必要だと思うんですね。それで金融経済教育を早い時期からはじめたという側面があります。これまでは、自分がお金を稼ぐ（キャリア）、お金がお金を稼ぐ（投資）の二つについて力を入れてやっていたんですけど、今後はそれらに加えてリスクをヘッジするための「保険」についても学びの必要性を感じはじめたところです。日本は世界有数の保険市場の規模を持つ国です。ということは、私たちはリスクを日々抱えて生きているということですよね。でも、そのリスクに備えて貯蓄していると、今度は投資にお金が回らなくなってしまう。だから、そこに保険を組み合わせるといいのかなと。

社会課題を解決するためのビジネスを考えるプログラム

塚本　長期のライフデザインを考えるとなると、どんなことがあるかってライフイベントのことをもちろん考える。それだけではなくて、多分お金のことも考えるっていうことですよね。考えることは色々あって、貯蓄のこと、自分のキャリアを積んでお金を稼ぐ力を高めるって部分もあるし、投資を含めて色々と手当てが必要な部分もある。それらを中学生ぐらいから学ぶということですか？

漆　そうですね。中等部からはじめますね。まず1年生で「デザイン思考」について学びます。デザイン思考とは、デザイナーがアイデアを考えたりデザインしたりするときに用いるアプローチの方法で、ビジネスやイノベーションを生み出す際などにも応用されているものです。本校ではデザイン思考の「共感→課題定義

↓アイデア↓試作↓テスト」という一連のプロセスを体験しながら、身の回りの課題に対して目を向け、デザイン思考を用いて課題を解決する方法を身につけます。デザイン思考で学んだ知識と経験は探究学習や行事などのさまざまな場面で活用されます。たとえば、白ばら祭（文化祭）で中等部3年生のときに参加する「起業体験プログラム」でも実践されます。

塚本　それはどのようなプログラムなんですか？

漆　中等部3年生全員と、高等部は4年生・5年生の希望者が文化祭を通じて半年間取り組むプログラムです。3年生はクラスごと、4・5年生はクラスの垣根を越えて目的を共有する大小さまざまな規模のグループで参加するのですが、それぞれのクラスやグループの中で取締役（社長、マネージャー、会計長）や社員といった役割を決め、株式を発行して校内で「株式会社」を設立します。文化祭で行う事業の企画、事業計画の提出、会社の登記にはじまり、プレゼンテーションを行い出資金を募り、文化祭当日の販売を経て、最後に株主総会を開催し会社を解散して終わるというのが一連の流れです。

生徒が設立した会社には必ず「企業理念」があり、その理念を達成するために運営を行っている点が文化祭でよく見る単なる模擬店とは異なるところです。運営資金獲得のために、企業理念や事業計画などについて、保護者やOGで構成されるサポート委員にプレゼンを行い、理念性、チャレンジ性、事業性、実行性の4項目で評価を受けます。各プレゼンには順位がつけられ、出資金の額や文化祭で使える教室などに反映されます。評価項目の中の「理念性」では「それぞれの会社が社会の課題解決に役立てるか」っていうようなところを高く評価しているんですね。

塚本　なるほど。単純にお金が儲かるってことだけではなくて、社会課題をどういうふうに解決していくかっていうことですね。

漆　そうですね。逆に言うと、その社会課題を解決するという目標のために事業を起こすってことです。

塚本　はい。それをビジネス化するってことですよね。

漆　社会課題を解決するためのビジネス（ソーシャルビジネス）というと寄付モデルのものも考えられますが、それでは景気に左右されてしまいがちです。持続可能なビジネスにするためにも、評価項目の中の「事業性」ではその辺も評価の対象にしています。

塚本　それってやっぱりこの数年で変わってきた部分ですか？「起業体験」というと、普通はビジネスの面が強調されることが多いように思うのですが、こちらでは「社会課題の解決」ということも重視されています。世の中にＳＤＧｓが浸透してきて、これまでは別々だったＳＤＧｓとビジネスが融合するようになってきたので、その流れと同調するのかなと思ったので。

漆　ＳＤＧｓが国連で採択されたのが２０１５年ですから、その前からですね。貧しい人々に対して無担保で少額の融資を行うマイクロクレジットという金融サービスを行っているグラミン銀行というのがバングラデシュにあるのですが、その創設者でノーベル平和賞を受賞したムハマド・ユヌスさんに来校していただき生徒に話をしてもらったことがあるんです。２０１１年のことでした。ユヌスさんの話をうかがってソーシャルビジネスというものの概念が私の中にインプットされて、「これって、これからの女性の職業選択としていいいな」と思ったんですね。それで、「こういう選択肢もあります」っていうことを生徒にも伝えたいと思いました。お話ししたとおり本校の金融経済教育は国内の企業が買収されてしまうという危機感から端を発したようなところがあるので、どちらかというと「資本主義とはなにか」みたいな方へ傾きがちでした。そのため、初期の起業体験プログラムでは若干の問題が起こることがありました。「儲け」に目が行ってしまうあまり、いかに利益を出すかという競争に熱くなり、ルールギリギリのグレーゾーンのところまで攻めてしまうクラスも出てきてしまったのです。「ちょっとこれは違うんじゃないかな」って思っていたところに、ちょうどユヌスさんとの出会いがあり、そこから評価軸の中の社会貢献的な理念っていうのを高く評価するように、採点項目を変えていきました。また、その少しあとから取り入れたデザイン思考でも「地域の課題を考える」というテーマを扱うようになったので、それらがうまく混じりあって課題を発見して解決するという目線やスキルが身につき、その上に起業体験がマッチしてくると、段々と「社会の課題を解決する事業っていうのはなんだろう」という方向に生徒が向かうようになりました。子どもってやっぱり純粋なので、こちらの関わり方によってグレーな方向にも社会貢献にも行くんですね。

塚本　なるほど。

失敗と揉め事を奨励する学校

漆　話は戻りますが、起業体験プログラムを導入した初めての文化祭では、大失敗がありました。もともとこのプログラムはNTVP（日本テクノロジーベンチャーパートナーズ）というベンチャーキャピタルの代表を務める村口和孝さんがつくられたものなんですが、ご縁があって慶應義塾大学の学生さんなどの協力も得て本校にも導入してもらったんです。当時は「商業科でもないのにどうして学校でお金の教育をするんだ？」と言われる時代でした。文化祭が終わると会計を締めて、翌日は株主総会を開くという流れなのですが、夜の8

時になっても教員たちが熱く議論していました。どうしたのかと思ったら、配当の仕方についての解釈がクラスごとにまちまちだったということがわかったんです。「学校でやるんだから、当然利益は全部寄付だよね」というクラスがあれば、「もう全部自分たちのものだ」というクラスもあったんですね。文化祭は二日間で1万人近くの来校者がおりますので、利益を分配したら一人あたり5～6千円になってしまうほどのクラスもありました。中等部も一緒に準備してお掃除の手伝いをしたのに、表に出て販売した高等部のクラスだけがそうやっておこづかいをもらうような形になるのは「ちょっとまずいんじゃないか」って大揉めになっていました。結局、その日ではまとまらず、次の日の株主総会を迎えてしまいました。それで、配当についでは私の最終判断で、一人あたり上限3千円の図書券で分配するということにしました。いま思うとこれは最悪の決断でしたね。もう生徒が怒って怒って。「資本主義のなんたるかってことを散々言われて稼いだのに、それをこういう形にされたら、お金は汚いって言われているのと同じだ」って言われたんです。

塚本　なるほど。理念までもが変わっちゃうと。

漆　「本当にみんなのためにと思って決めたけど、申し訳なかった」と謝りました。あのときの正解は、事情をちゃんと子どもに話して、選択を託すことだったと思います。「このプログラムは来年はもう無理だな」と思いきりくじけていたら、生徒から渡されたレポートで救われました。レポートには「先生たちがまかせてくれたのはよかった。だけど、もうちょっと助けが必要だったと思う」とか「勉強になったから後輩のために改善して続けてほしい」って書いてあったんです。そんな生徒からの声を受けて、起業体験プログラムは徐々に変わっていきました。たとえば、本当は全体の運営経費が色々とかかっているはずなので、その部分は「税金」として納めてもらう税金制度をつくって現実に寄せていったり、文化祭という二日間限定のお店で現実離れした儲けが出ないように調整を施したりするなど、オリジナルな部分も増えました。社会起業的な部分を強めていったのもその一例です。文化祭が終わったあとも有志団体やNPOにして活動を継続した子たちも現れるようになりました。ここまで本当に色々な展開がありましたね。

塚本 配当の仕方を巡って生徒と紛糾したとき、それこそ校長先生とか理事長が「こうします」って言ったら、普通なら黙りそうな感じもするじゃないですか？　そうはならなかったんですか？

漆 なりませんでしたね。本校ではそういう教育をしていないので。

塚本 やっぱり普段から「ちゃんと自分の意見を言いなさい」という指導をされているんですね。

漆 そうですね。本校は「失敗と揉め事を奨励する学校」と言っています。意見の異なる人と「ものづくり」をしていて、妥協せずにいいものをつくろうと思ったら、必ず衝突が起こり揉め事は生まれます。このコンフリクトはいいことだって常々言っているので、大人が相手でも生徒は言うべきことは「はっきり」言います。廊下を歩いていると、学校の経営方針についても提案を受けるくらいですから。

塚本 そういうバックグラウンドがあるから、「揉める」といってもネガティブな印象はないんですね。ちゃんと自分の考え方を持って本当に違うと思えば、理事長が言われたことでも「それは違う」とちゃんと言うと。

漆 多分、学校にコミットしているんだと思います。あの子たちは「お客」じゃないんですよね。自分たちの学校として「自分ごと」だと思っているんですよ。たとえば、制服のスラックスや通学カバン、そういうもののデザインから、企業との価格交渉までを生徒がやっています。本気で経営にコミットしてくれているのがいいなと思います。

塚本　どうでもいいと思っているのだったら黙っていればいいですけど、声を上げて自分から主体的に関わっていくんだっていうことなんですね。そのあたりのことは学校説明会でもおっしゃっているんですか？

漆　言っています。というのは、こういうことを嫌がる方もいらっしゃるので、はっきり入学前に言っておかないと、がっかりさせてしまうので。

塚本　起業体験プログラムは生徒の親御さんからは反対されませんでしたか？

漆　本校はもともと特徴がある変わった学校と知って選んでいるからか、さほど反対はありませんでした。学校改革で色々変わってきた学校なので「いいと思ったらすぐにやりますよ」といつも伝えていることも一因かもしれません。むしろ理解があり、親御さんには多くの専門職の方がいらっしゃって、声をかけるとサポーターで入ってくださるんですよ。会計士さんとか税理士さんとか、ベンチャーキャピタルの人もいますし、グローバルコンサルティングファームのパートナーですとか、そういう方々がみんなで手伝ってくれるっていうことがありましたね。

塚本　やっぱり、新しいことに取り組むっていう姿勢に共感してお子さんを通わせているんで、そういう意味では、うまくいかなくなったら途中で方向転換するんだろうなっていう形で見られているのでしょうね。

漆　そうかもしれませんね。生徒たちにある程度まかせているので、もちろんリスクもあります。コラボした会社がトラブルを起こすこともあるかもしれないし、逆に本校がミスをするかもしれないのでお互い様ですがね。起業体験プログラムではこんなこともありました。あるクラスで名入れ文具をつくって売ろうと思ってネットで安く仕入れようとしたら、途中までお金を支払った段階で相手と音信不通になっちゃったんです。どうしようって話になって、私もちょっと文房具屋さんの友人に聞いてみたところ、「悪意がなければ物自体は問屋さんにあるかもしれない」と言われたんですね。それで、生徒が問屋さんに聞いてみたら、全部ではないですけど物はあった。問屋さんも名入れだと売れないから困っていて、原価で出してくれたんです。自分が勤める会社のノベルティグッズを提供してくれた親御さんたちもいて、それをおまけにつけるなどして、二日間ある文化祭のうちの一日でなんとか売り切ることができました。「よかったね」って言おうと思ってクラスに行ってみたら、すごく揉めていました。社長役の子は「機会損失になるから、同じ物を仕入れて名入れシールを貼って二日目に売ろう」と主張しているのに対して、「赤字になるところをやっと黒字にしたのだからもう嫌だ」って言う子もいて収拾がつかなくなっていたんです。「先生だったらどうしますか？」と聞かれましたが、「私にもわからない。ただ、あとで言うのはやめようね」とだけ答えました。そうしたら、普段はおとなしい子が「そもそも、これはなんのためにやっているんだっけ？　お客さまに喜んでもらうためにやっているなら、二日目の人に失礼になったらいけないんじゃない」って言ったんですね。それで、もう一度会社の理念に立ち戻って、業態を変えて二日目はやろうということでまとまることができました。おまけであげようと思っていた物を景品にして、ゲーム屋さんをすることにしたんですよ。「ああ、おもしろいな」と思って翌朝行ったら、また今度は隣のクラスと揉めていました。起業体験プログラムでの教室の割り当ては、事前のプレゼンテーションの結果で決まるので、隣の教室でやっている事業を意識しながら当日までの準備を進めているんですね。それで、隣のクラスでやっていた事業というのがまさしくゲーム屋さんでした。「昨日まで文具を売っていた店が突然ゲーム屋さんになるって言われても困る」って揉めていたわけです。もうあとは放ってそーっと逃げてきちゃいました。そんなことがしばしばありますね。

社長役の子が寝る間を惜しんで準備をがんばっているなんて話を聞いて、親御さんに会ったときに「本当に大変ですよね」と言ったら、「そんなの社会に出ればいくらでもありますから」って、そういう感じの親御さんが多いですね。

塚本 見守ってくれているって感じですね。

漆 そうですね。保護者の方に恵まれていると思いますね。あと、教員たちも段々と新しい取り組みに慣れてきていて、やらない言い訳や100万回に1回もないようなリスクを声高に言う人がいないので、安全性を確保できたら「まず、実験」って感じでなんでもやってみるという環境が整っていますね。

チャレンジしない子は失敗しないけど成長もしない

塚本 やっぱりそういう考え方じゃないと、色々なリスクを考えちゃってなかなか新しいことには踏み出せないことになりますかね。

漆 私たちはよく「6割GO」って言い方をしています。教員は子どもたちの安全を守る仕事なのでどうしても保守的になるんです。だから、100%の準備をしてからやりたくなるんですけど、本校は安全性さえ担保できるのであれば準備は6割でもいいってことにしています。というのは、完璧な100の準備をするために次年度に先送りしてしまったら今年の子の経験はゼロになりますよね。だったら、6割でも、ある程度いまより良さそうだったら変えていこうって考え方なんです。

この考え方は親御さんにも言っています。チャレンジってすごく大事ですよね。でも、親ってどうしても自分の過去の経験と子どもへの愛情から、子どもに失敗させないようにしがちなんです。それで、目の前のハードルを取り除いてしまう。だけど、そのハードルは成長のためにはとても大切で、多少失敗するかもしれないぐらいのチャレンジをした方がいいと思うんですね。チャレンジしない子は失敗をしないけれど成長もしない。いざとなったら親も教員もいますから、いまのうちに色々やらせてあげるのはすごく大事なんじゃないかと思います。それは、お金の失敗っていう面でも同じで、取り返しがつくレベルならやったらいいと思います。多分、ほとんど取り返しがつくんじゃないですかね、子どもがチャレンジする範囲なら。

塚本 つくと思いますね。子どもだったら、まだ。社会人になってからはなかなか取り返しがつかないかもしれないですけど。いずれにせよ、そうやって生徒さんが体験できる機会を増やすというのは素晴らしいと思います。卒業したあとにここでの経験を生かして、事業を興したようなケースもあるんですか?

漆 もちろんです。働いている20代の卒業生を対象に、新しい事業を興したか、起業したかなどをたずねるアンケート調査をしたところ興味深いことがわかりました。本校の卒業生は同世代の共学校や他の女子校出身の女子と比べて、そういったアントレプレナーシップに関する項目については高いという結果が出ました。また、現在の職業満足度についても同様に高いことがわかったんです。

塚本 なるほど。実社会で活躍されている卒業生に帰ってきてもらって、教えてもらうみたいな機会はあるんですか?

漆 はい。増えてきましたね。アナウンサーをやっている子が来てくれて話し方講座をしてくれたり、ちょっと変わったところでは、「オートメーション」という、ショーやイベントの舞台裏で舞台装置や照明・音響などをコンピュータで制御する仕事をやっている子が話をしてくれたり。この子はシルク・ドゥ・ソレイユなどでもこの仕事をしていたんですよ。ABCクッキングスタジオでアジア地区の責任者をやっている子が「生徒たちに食育を」って何度も来てくれたりとか。卒業生たちが色々な講座を持ち込みでやってくれるようになりました。在学中によく叱られていた子ほど活躍している印象があります。

塚本　実社会での経験をもとに話をしてくれると、生徒には刺激になるし、活性化されますね。

漆　実は、起業体験プロジェクトのあとの会計処理も、いまはEY Japanという会計事務所が手伝ってくれているのですが、これもEY Japanに入った卒業生がいるご縁で、その子を含む回りの若いスタッフが来てくれて、やっているんです。本当にありがたいことだなと思います。また、生徒発の企画というのも増えてきています。若者の政治参加を促す活動に取り組んでいる方を呼んで講演してもらう講座や、女性特有の生理についての問題意識を男性にも共有してもらおうと、男子校でワークショップを開かせてもらうなど、生徒たちが企画し、自ら相手に連絡を取って開催までこぎつけるようになってきました。本校はこれまで生徒と学校外の大人や企業を出会わせたりつないだりするようなことはたくさんやってきたんですけど、次のステップとして他校の同年代の子とも経験をシェアしあえるようなプラットフォームをつくれないかと考えているところです。そうすれば、生徒発の企画ももっと活発になるのではないかと思っています。

未来から逆算して準備することの大切さ

塚本　なるほど。起業体験プログラムは「28プロジェクト」の一環と聞きましたが、28プロジェクトとはどういったものなんでしょうか？

漆　28プロジェクトっていうのは、28歳を仮のゴールと設定し、なにを選び、どう生きるかを考えるために、能動的に人生を設計するプロジェクトです。生徒が28歳の自分を思い描き、それを実現するためにはなにが必要か、どう行動すべきかを模索し、理想とする未来に向かっていくことが目的です。現在の日本の女性の第1子の平均出産年齢はおよそ30歳なんですが、そのくらいの年齢って海外赴任だったり、リーダーを務めたりといった具合に、仕事に大きくコミットしなければいけなくなる時期と重なる方も多いと思うんです。私の世代では多くの方が家庭と仕事のどちらかをあきらめざるをえなかったのですが、いまは両立することができるように社会が変化してきました。ただ、キャリアの面では、出産・子育てがキャリア形成とバッティングするという現実は依然として残っています。そこで、約20年前にそのへんの未来から逆算して教育することが必要ではないかと考えました。準備を始めるのは、高1の秋ぐらいから。ちょっとアンテナを立てて将来を考えておくことが必要なんですね。日本にはまだ大学受験に向けた文理選択がありますから、それよりも前に。

また、女性の労働力率のグラフで見られるいわゆる「M字カーブ」にも表れているように、女性は結婚や出産を機に離職し、育児が落ち着くと再就職する方もまだ多いようです。いまはMの形が緩やかになりましたが、復帰するときに非正規雇用率が上がる「L字カーブ」が問題になっています。正規雇用での復職や転職がしやすいのは、専門性の高い人や専門職の方となっているようですので、学歴が大事になると思います。学歴が大事といっても、「学校歴」ではなくて「学習歴」が大事になるというのが女性の場合の特徴です。たとえば男性だったら、浪人してでも意中の大学をめざすというのもよいかもしれない。でも、女性にとっては、20代・30代の安全に子どもが産める大切な1、2年です。だから、学校名にこだわって浪人するよりもむしろ学科や学ぶ内容の方にこだわるべきだと思います。リカバリーを考えるのであれば、留学とか大学院への進学といった方法だってあるわけです。学校歴で見てみると、いまの日本で顕著な活躍をされている女性のトップリーダーは男性のそれとは全然違ったものになっています。職務内容をあらかじめ明確に規定し、職務を遂行するのに必要な能力や経験などを持つ人を雇用するというジョブ型雇用の導入が日本でも進むといわれていますけど、女性のリーダーについてはすでにジョブ型雇用になってきているように感じます。この流れが女性の雇用全体にも広がってくるのであれば、これからはいわゆる「復職力」や「転職力」のようなものを身につけることが必要で、大学入試はそのプロセスの一つになると思います。

塚本　大学受験というとテストの点数を高く取って、その中で比較的名前が通った、偏差値が高いところにいかに入るかっていうことになりがちで、中学生、高校生だと、「その先」のことってなかなか考えていないようにも思います。でも、こちらだと自分が28歳のときにどんなことをしていたいのか、どんな職業について、どんな家に住んでいたいのかといった具体的なことをベースにして、そのためにはなにが必要で、なにを学べばそこにつながるのかということを子どもにかなり意識させているということですね。そのためにも、起業体験プログラムや卒業生の授業など、さまざまな機会を通じて、学校外の人に世の中には色々な職業があるということを紹介してもらい、ときには実際にそれを体験できるようにされていると。

漆　親の仕事もよく知らないって子もいますが、そのままにしておくと中高生が知っている仕事って少ないんですよ。

塚本　そうかもしれませんね。

漆　特に理系の仕事ですよね。医療系は見えやすいので行きたがる子もいるんですが、工学系はどんな仕事か見えにくいので、志望する子も少ないんですね。でも、いまの工学は学際領域の研究が増えていて、たとえば、医学×工学で医工学とか、〇〇テックというように、他の学問の分野と工学を組み合わせることで新しい視点が生まれ、すごくおもしろくなっています。就職も抜群にいいんですね。そうしたことを私たちが伝えていくというのもありますが、卒業生や学外の方が話にきてくれることで、「そんな分野があるんだな」って生徒がアンテナを立ててくれる。本校は「将来の目標を決めよう」って言っているんじゃなくて、「中高時代にアンテナを立てておきましょう」って、情報収集や出会いのきっかけづくりをすごく大事に考えてやっています。

自分軸で物事を選ぶ

塚本　ほとんどの学生が、それこそへたすると、就職活動をする直前になって、実際になんの仕事がいいかなって考えるじゃないですか。たとえば、アナウンサーだったらテレビでしゃべるんだなとか、CAさんだったら毎日飛行機に乗っているんだろうなとか、世の中で目に見える仕事だったらイメージはつくけど、そうでなければその仕事が存在していることすらわかりませんよね。ある意味、狭まった職業の選択肢の中で、職業の偏差値ランキングで上から応募していくような形になりがちかもしれない。

漆　はい。でも、そのランキングは10年経ったら変わっちゃうんですよね。

塚本　変わっちゃいます。だいたい人気業種っていうのは衰退していくものなので。やっぱり、それがどういう仕事なのかをまず知るっていうか、体験してみるとか、実際にやっている人に話を聞くっていうのはとても大事ですね。その経験を早め早めにすればおそらく大学受験での学科の選択のときにもそれをリンクさせることができる。

漆　それはあると思います。以前、通信販売のアスクルさんとコラボレーションして授業をしたことがあったんですが、そのときの話です。中等部3年生だった生徒たちが担当についてくれた女性社員と話していて、「数学は得意じゃないし、文系に進むから捨てる」と言ってたんです。その方は子育てが終わってから大学院に行って心理学を学び、いまはマーケティングをしているという人で、「心理学っていうのは統計学と密接に結びついているから、数学を捨てちゃったらこの仕事はできないのよ」と答えていました。そうしたら「あぁ、じゃあ、とりあえず苦手科目を理由にした文理選択は先送りにしとこうかな」って言っていた子のうちの一人は最終的に医工学を学びに大学へ進学していきました。

チームと個人と

漆　本校は、「未来を見せること」と「チームでやる」というのはずっとやってきたんですけど、「自分を見つめる」「個人でやる」という時間は少なかったんですよ。自分を見つめる時間も大事だと思うので、中等部3年生で全員参加の起業体験プログラムをするように前倒しし、高等部ではやりたい子が集まって参加できるようにしました。そうすることで徐々に自分の研究をする時間を設けていきたいと思っています。

塚本　世の中にはチームでやるような仕事もいっぱいありますけど、あらゆるものがいまはアウトソースできるので、個人で完結するものもずいぶん増えてきています。そういう意味だと、自分が本当にどの分野のことをやりたいのかということを明確にするには、やっぱり自分のことを見つめ直して、自分はどういうことに集中できるとか、熱意を持ってやれるのかみたいなことを知るのが結構大事かもしれないですね。

漆　大事だと思いますね。長くやっていても嫌じゃないことはなんなのかなとかね。先ほどの卒業生調査では、転職率も低いって結果が出ているんです。

塚本　なるほど。早めにやりたいことが見つかっているということなんですかね。

漆　そうなんだと思います。本校を選ぶ親子って、中学受験の偏差値だけでは選んでないと思うんですね。だから、大学選びも偏差値以外の軸でも選んでくる。したがって最終的に仕事もある程度は自分軸で選び、決められているんじゃないかなって思っています。

塚本　やっぱり学生のころから将来のライフデザインがある程度見えてくると、色々なことを計画しやすくなりますよね。

漆　そうだと思います。色々興味を持ってやれるようになると思いますね。

塚本　しかもこちらの学校の色々なプロジェクトを通じて「実践する」っていう経験は身につくので。大学生になっても、社会人になっても、実践していくっていう癖がついていると、色々なことができますよね。

金融の教育は社会の窓

漆　金融の教育は社会の窓っていうかね、そういうことは実感します。2004年の話になるんですけど、日経STOCKリーグという学生を対象にした金融・経済学習コンテストに参加した生徒がいて、キャラクターグッズで有名なサンリオさんの企業研究をしたんです。それがきっかけで「サンリオはすごくいい会社だ」っていうことがわかり、「コラボレートして一緒に商品開発しませんか」と生徒がお願いに行きました。同じころ、社会科の授業で「内戦というのは教育がないと繰り返す」ということを学んだ生徒たちの中でこの二つがうまく結びつき、本校の制服を着たキティちゃん（品女キティ）をつくって、それを売ったお金でカンボジアに学校の校舎を贈ろうというプロジェクトになりました。品女キティを実際に作製していただき、文化祭などで販売しましたが、1年では建設に必要な金額に達せず、後輩たちに呼びかけて代々部活のような感じでプロジェクトを引き継いでいきました。数年後に400万円くらい貯まって2009年にカンボジア東部に小学校を寄贈しました。

塚本　プロジェクトを後輩に引き継いだんですか。そういうふうに、ある種の仕組み化するというのはすごい発想ですね。自分たちでプロジェクトを一つやって、それでおしまいってなっちゃうのが普通だと思うんですけど、それだと当然集まるお金も限られてしまうので、継続性を持たせたっていうことですよね。プロジェクトを進めながら、一方で、「これってすごくいいことなんだよ」ということを説明して、後輩をリクルーティングしつつ仲間に引き入れていくみたいな。

漆　でも、そうなったのは偶然だったんです。最初は1年間でお金が集まると思ったみたいですよ。けれども集まらなかった。それでほぼ泣きながら私のところに来て「もう受験勉強に入って、活動ができなくなっちゃうので、昼休みに校内放送させてください」って言われたんですよ。それで全校放送をして、後輩のメンバーを募って、託したという結果なんですね。

塚本　あと、先ほどの不動産の授業の「理想のおうち」なんですけど、いまはインターネットがあるので、駅からどのくらいの距離でこの広さだといくらぐらいが相場かとかがすぐに調べられるようになりましたよね。そういう意味だと、お金についても同様にインターネットで調べればだいたいわかるっていうことは理解できるかもしれないですね。たとえば、物を新しく買うとか、お金を借りるんだったらどのくらいの金利がかかるのかということも、昔だったらなにかの専門書を探してこないとわからなかったかもしれないけど、いまはインターネットで検索すれば色々な情報が出てきて、自分の選択肢の中には入ってくるわけで。

漆 確かにそうですよね。家が古いか新しいか、それによって値段がどう変わるのかという視点に気がついた子たちもいたんです。中3で海外修学旅行に行ったときに現地の家を見たら、古いことで価値がついている家もあったって。

塚本 はい、そうですね。

漆 それって日本と反対だよねみたいなことを話していたら、「日本は新築プレミアムっていうのがある」って説明をされて、「だったら中古でもいいかも」ってなっていました。

塚本 確かに、海外の場合は古い家をリノベーションすれば、逆に価値が上がるケースもありますね。

漆 はい。歴史が何年とか書いてありますよね。お金をきっかけに物や世の中の見方が広がっていくというのはあるかもしれませんね。

塚本 お金のことも、キャリアのことも自分の人生のことも、わからないままだと将来ずーっと不安みたいな形になっちゃうと思うんですけど、自分で調べて「見える化」をしていくことを繰り返すと、透明度が増して、自分の選択肢がうまく選べるようになりますね。

漆 そうですね。いや、本当にそう思いますね。子どもだからと思わずにやらせてみると、吸収力があるので、意外といろんなことができちゃいますね。

塚本 なるほど。そうかもしれないですね。子どもだからって言って、あんまり子ども扱いしないっていうのはとても重要なのかなっていう気はします。

漆　むしろ余計な概念が入っていないので、本質的な課題に気づく力っていうのが大人よりもあるかもしれません。「なんでいけないの？」と聞かれると、「そういえばそうだな」と思うことが結構ありますね。

塚本　なるほど。

お金を入口に自分を見つめ生き方を考える

漆　子ども向けに金融教育をされることもあると聞きましたが、どんなことをやってらっしゃるんですか？

塚本　昨日はある小学校で「お金の4つの使い方」というのを紹介しました。お金の使い方には、貯める、使う、譲る、増やすの4つがあります。特に「使う」について、お金を使うときにはまず、必要な物とほしい物を分けて考えましょうと。必要な物は買わなきゃいけないけど、ほしい物は本当にそれがほしいのかどうか、それを買うことでどれだけ自分が幸せになれるのかをよくよく考えてから使おうねと言うと、みんな「うんうん」ってうなずきながらメモを取っていました。

漆　それは大事ですね。不動産の授業でも、最初にやるのが「価値と価格」というテーマで、自分がどう価値を感じるかによって価格が決定するというところから始まるんです。

塚本　「価値というのは人それぞれ違うので、物を買うときにも他の人からはむだづかいに見えるかもしれないけど、自分にとっては違うということがあるから、ちゃんと考えてね」って言ったところ、結構みんなまじめに考えてくれましたね。

漆　お金を入口にして、自分を見つめたり、生き方を考えたりすることにつながるような感じがしますね。それで思い出したんですけど、最近、企業の方々が教育にお金を入れるようになってきているんですが、Co-Innovation University（仮称）っていう大学を構想している井上博成さんという人がおもしろいんです。彼が生まれ育った飛騨高山には映画館がなく、森林が活用されてなく、大学がないそうで「3ない街」って彼は呼んでいるのですが、これらを解消することが地域の魅力づくりにつながるだろうと高校生のころ考えていたとのこと。進学して大学の先生に「どうすれば大学をつくれるのか」と相談したところ、「だったら君はまずビジネスの勉強をしなさい。それで、自分で事業をやって大学をつくるためのお金を貯めたらどうか」と言われたそう。井上さんはビジネスを学び、林業の川上から川下までを扱う地域ビジネスや、飛騨高山小水力発電をはじめとする自然エネルギー事業などを立ち上げました。いま、30ちょっとの年齢なのですが、40代になればそれらの事業の利益で大学をつくれるくらいの資金は貯まるんですって。ただ、もっと早く大学を設立したいということで、色々な人を巻き込んだりお金を集めたりしていて、2026年の春の開学をめざしているそうです。井上さんの場合は、お金ができたから社会貢献をしようというんじゃなくて、そもそも社会貢献ありきでお金をつくろうというのがスタートになっていて、そういう人もいるんだなって新鮮に感じました。

塚本　なるほど。

漆　彼はお金の勉強をしたから社会貢献ができるわけですよね。

お金のことをタブー視しないで話題にする

塚本　順番は人それぞれに違うのかもしれないですね。お金の勉強って構えるほどじゃないのですが、家庭でお金のことについて「こういうことをやったらいいですよ」みたいなことはありますか？

漆　とりあえず、お金のことをタブー視しないで家族で話題にするっていうことじゃないかなと思うんですよね。私の実家はこの学校を経営していたんですけど、両親の給料日には、母がお金を封筒に分けて入れていくのを見ていたものです。食費とか、お稽古代とか、おこづかいとか、家計費のそれぞれを振り分けて入れる封筒があったんです。だから、父や母のおこづかいはこのぐらいで、それよりも多い額をおじいちゃんに仕送りしているんだなとか、私のお稽古代は父や母のおこづかいよりも多いんだなとか、そういうのを見ていたんですすね。それで、ボーナスが出ると、お手伝いも目一杯していますから、子どもにもボーナスが支給されるんです。一方、お年玉のように、働かずにお金がもらえるということはありませんでした。そういう家だったので、お金を稼ぐことの大変さとか、稼いだお金をなにに使うかっていうのは、親の価値観に基づいているんだなっていうのは、小さいころから自然と見てきました。

塚本　そういうふうにやりくりをするものだってことを知っていたんですね。

漆　歴史のある私立学校は、創設者が学校に必要な土地だったり建物だったりを寄付して始めたというのが多くの学校で共通するところです。この学校は私の曾祖母が創設したのですが、曾祖母にとって自分の価値に合ったお金の使い方をしたのが「学校をつくる」ということだったんだと思います。曾祖母の父は苦労しながら色々な事業を成功させた人で、最後に学校教育に財産を全部つぎ込んだそうです。そういう家系なので、自分が価値を感じることにお金を使うんだっていうことに関しては、自然にできたと思います。あと、母には「お金は貯めるな。自分への教育に投資しなさい」ってことをいつも言われていました。

塚本　なるほど。どんなことに投資をするんですか？

漆　それこそ、大学に行くとか、本を買うとか、さまざまな体験をするとか、そういう教育です。多分、お金の現在の価値と将来の価値とかを考えてのことだと思うんですけど。そういう家庭環境は大きかったと思いますね。

塚本　お金を貯めないで自分に投資しなさいというのは結構大事な教えですよね。ある程度自分が稼げるようになって、金融商品への投資に多くを回せるようになれば、もちろんそうすることもいいとは思うんですけど、そもそもの稼ぐ力を高めるっていうのはやっぱりすごく大事なことだと思うので。

いまはとかくＦＩＲＥって言葉がもてはやされ、生活をものすごく切り詰めて金融商品に投資してお金を増やして、早く仕事をやめたいという人もいるようです。それも一つの方法かもしれないけど、自分に投資して稼ぐ力をどんどん高めていけばいいのにって思うんですが、そういう発想にはなかなかならないなと感じています。アメリカの場合は、事業がうまくいくなりしてお金ができて、仕事をしなくてもよくなったから、お金を稼ぐための仕事ではなくて、ボランティア活動だったり、ＮＰＯをやったりとかしながら生活を回していくっていう発想にはなっているみたいですけど、日本だと本当に切り詰めて生活をして、年間それこそ１００万とか２００万の生活費でやっていきますみたいな形にするために1億円を貯めるみたいな発想になっちゃっているように思います。

漆　「自分が稼ぐ」「お金が稼ぐ」は二本立てなんだけど、お金が稼ぐ方にばかり行っているのかもしれないですね。あと、「時期」っていうのもありますよね。28プロジェクトを繰り返し言うのも、中高時代という時期が大事だからで、時期を逸すると、せっかく投資をしてもお金が十分に働かないということもあると思います。たとえば、学力と違って試験では測ることのできない意欲、協調性、計画性といった個人の特性によるスキルや能力を「非認知能力」というのですが、子どもたちの非認知能力っていうのも、この時期にはこれが伸びるというのがあり、子どものためにお金をいつ使うのかというのも大事なことかなと思います。

塚本　タイミングに合わせてなにをやるかを決めていくっていうのは大事かもしれませんね。そういう意味だと、こちらの生徒さんの親御さんってそれなりにお金のことも理解があるのかもしれないですけれども、やっぱり、親としてやらなければいけないことってありますかね？　お金について学ぶとか。

漆　どうなのかな。まず、家計の状況を家族でシェアするっていうことが一つ。ＯＪＴ（オンザジョブトレーニング、実地訓練）みたいなものだと思うんですよね。家に入ってくるお金がこのぐらいで、なにがどのくらいかかってというのを、ざっくばらんに伝えてはどうかと思います。

「生徒たちはこんなことをやっていますよ」っていうのを体験してもらおうと思って、親御さん向けの金融教育の授業を企画したことがあったのですが、たくさんの応募があって驚きました。子どもの授業にそんなに興味があるのかなって思ったら、授業での質問はほとんど投資のことでした。

塚本　はい、はい。そうですよね。

漆　すごく衝撃的でした。やっぱり、そういう金融経済の教育っていうのを学校では受けてきてないので、親御さんが勉強するっていうのも、もしかしたら必要かもしれませんね。ニーズの高さは感じました。

塚本　僕もいま講演で呼ばれて、金融教育が学校でどういうふうに教えられているのかという話をしますが、親御さんも学ぶ必要がありますよねっていうことを言います。そうすると親御さんから、自分が若いときに苦労したって話もよく聞くんですね。若いときはあんまりよく考えずにクレジットカードを使っていて、リボ払いで返済が大変だったとか。

漆　そうそう、生徒の授業のときにも、リボ払いの話をしていますよ。

塚本　やっぱり、そういう意味だと親御さん向けの金融教育のニーズはあるのかもしれないですね。

漆　そうですね。それはニーズがあるなと思いました。まあ、一緒に学べばいいんじゃないかなと思うんですよね。

塚本　子どもの教科書を見たり授業の内容を聞いたりするだけでもかなり勉強になるかもしれないですね。

漆　そう思いますね。いまだったら、円安になってお父さんとかお母さんの会社がどう影響を受けているかとか、電気代が上がっているのはなんでだろうとか、そういった生活に根ざしたお金の話をするにはちょうどいい時期じゃないですかね。

塚本　確かに身近な話題でお金のことを考えるってすごく大事ですよね。

漆　そう。株式学習のいいところはその身近なところで、風が吹けば桶屋が儲かるじゃないけど、経済のつながりに目が開きますよね。社会科の教員に聞いたら、最初は「もうすぐ夏だから暑いときになにが売れるかな」みたいな話から始まって、授業が進んでいくと為替のことなども考えながら内容が深まっていくと言っていました。

塚本　それで、株式投資ゲームみたいなことをやり始めると、どうして値動きはあるのかとか、世の中のニュースとどういうふうな関連があるのかということに興味が出てくるんですかね。

漆　そうですね。「朝食のパン1枚から経済につながっているんだ」とお話をしてくれた講師の方もいて、生徒も目から鱗が落ちましたって感じで聞いていましたね。

塚本　最後に親御さん向けのメッセージをいただければと思います。

漆

お金のことは子どもに教えるものじゃないっていう人が昔だと本当に多かったのですが、そこをタブーにしないで家族で共有していってほしいと思います。お金をどう使うかというところにはその人の価値観が表れるので、なににどう使うかっていうことを子どもに問いかけ、子どもの考えを「むだづかい」って言い方で切らずに、「なぜ」って聞くことによって、子どもも考えますし、その子の価値観に触れることもできると思うんですよね。親にとっては「むだ」と感じることでも、その子にとっては価値と価格に照らしてむだじゃないと考えているわけです。そんなふうに、お金を使うっていうところの奥にある価値観を話題にしていくのが、本当の意味での金融教育なんじゃないかなと思います。

（取材日：２０２２年11月１日）

漆 紫穂子（うるし しほこ）

品川女子学院理事長。私立中高一貫校で国語科教員として勤務後、１９８９年に品川中学校・高等学校（現品川女子学院）に移る。２００３年から生徒が卒業後10年目の自分の姿を意識してモチベーションを高める「28プロジェクト」を開始するなど、さまざまな学校改革に取り組む。２００６年に校長、２０１７年に理事長に就任し学校経営に携わる。文部科学省、内閣府や公益社団法人の委員会委員、評議員なども務める。『女の子が幸せになる子育て』（大和書房）、『働き女子が輝くために28歳までに身につけたいこと』（かんき出版）、『伸びる子の育て方』（ダイヤモンド社）など著書多数。

取材協力●品川女子学院：平川悟
撮影●八雲いつか

柴山翔太

福岡女子商業高等学校校長

お金についての決定を委ねることで
子どもの学びは深くなる

憧れが教育にもたらす効用

塚本　高校球児だったと聞きましたが、どんな高校生活だったんですか？

柴山　もう野球漬けで「甲子園に行けるか行けないかが人生においていちばん大事」みたいな生活をしていましたね。

塚本　甲子園には行けたんですか？

柴山　最後の最後で負けてしまいました。

塚本　決勝っていうこと？

柴山　そうです。

塚本　高校3年間一所懸命野球をやられて、そこから大学はどういうふうに選ばれたんですか？

柴山　大学で野球をやるっていう選択肢はなくて、でも、高校野球には携わりたいなと思っていて、監督になりたいと。そう考えたときに、教員免許が必要だということで国語科の教員免許が取れる大学、そして東京に住んでみたいなと思って。そんなゆるい理由で決めました。

塚本　なるほど。高校野球につながっていて、それで高校の先生になりたいと。高校の先生をやっていれば監督になれるかもしれないということで、教職を勉強されたと。

柴山　そうです。

塚本　大学を卒業して、高校で働き始めるわけですが、最初はどちらで働かれたんですか？

柴山　北海道の江別というところにある「とわの森三愛高等学校」です。そこから「札幌静修高等学校」というところに行き、「札幌新陽高等学校」に行きました。ここで大きな変化がありました。

塚本 はい。札幌新陽高等学校ってどういう高校なんですか？

柴山 僕が学生時代を過ごした高校とも、その前に赴任した二つの高校とも違っていて、「なんのために学校はあるのだろう？」というところから問うているような、「あり方」を掲げているような学校でしたね。

塚本 へー。どういった学びに力を入れているのですか？

柴山 「出会いと原体験」というテーマはいつも言っていました。あとは学校の玄関に掲げているのが「本気で挑戦する人の母校」というフレーズなどですね。とにかく経験主義的な学びを重視している学校です。

塚本 なるほど。じゃあ、学校で授業をやるだけではなくて、外に出て、色々な人に話を聞くとか、実際にやってみるみたいなことに力を入れていると？

柴山 そうです。僕がいたのは駆け出しのころだったんですけれども、民間から40歳ぐらいの校長先生が新しく入ってきて、色々なプログラムっていうよりは、とにかく多くの人と出会おうということで、それぞれの子のやりたいことにつながっている一流の人たちとの出会いの機会をつくっていました。子どもたちのモチベーションがめちゃくちゃ上がっていく様子を目の当たりにして可能性を感じたものです。それで、いまこうしてやっています。

塚本 やっぱり、モチベーションって、学校の外の人に会いに行くと全然変わってくるものなんですか？

柴山 「憧れ」っていうのは教育にとってすごく大事なポイントで、それがあればモチベーションはグッと上がっていきます。学校という同じ空間でいつもと同じ人たちと会っているだけでは得られないものかなと思っていますね。

小論文指導と福岡女子商業の学びの変化

塚本 なるほど。それで、札幌新陽高等学校のあとに神戸に行かれているんですね。

柴山 はい。神戸の「神戸星城高等学校」っていうところですね。

塚本 そこではどんなことをやられていたんですか？

柴山 進路指導について学ばせてもらって、僕は小論文指導の担当をしていました。

塚本 小論文ってどういうものなんですか？

柴山 小論文というのは、いまの日本や世界が抱えている困りごとに対して、自分なりの意見を表明しなさいというものです。だから、取り扱うのはもう本当に社会全般ですね。大学の入試問題でなにが出題されるかはわかりませんが、確実にいま論点となっているテーマが出ていることはまちがいないです。

塚本 小論文の準備にあたっては、どんなことをやるんですか？

柴山 まずはインプットです。政治、経済、国際問題など、テーマとなる大きな枠があるじゃないですか？ それらをインプットしていきます。一つひとつを理解していくにつれて、色々な物事がつながってくるので、まずはそこまで行くことが大事かなと思っています。

塚本 神戸星城高等学校で小論文の指導を学ばれて、そこから「福岡女子商業高等学校」へいらっしゃったと。同じようにやっぱり小論文の指導をしてほしいっていうことだったんですか？

柴山 そうでした。最初のときの思いとはちょっと違うんですけれども。最初は札幌新陽高校で感じたような、色々な人と出会ったり、子どもたちがチャレンジできる学校づくりに貢献していきたいと思っていたんです。

だけど女子商に来てみたら、本来だったらもっともっと行けるところはあるはずなのに進路の選択肢が狭すぎるなって感じました。だから、1年目はそこに注力しました。

塚本　こちらの生徒さんの特徴は？

柴山　めちゃくちゃピュアです。僕も私立学校を5校経験していますけど、不思議な雰囲気ですね。「あんなにワクワクしながらキラキラした目で話を聞いてくれるのはうれしい」って、来校してくれた大人がすごく喜んで帰っていきます。「もうちょっと話を聞いていいですか？」って、追いかけて聞きに行くようなアグレッシブな子たちも多いかなと思います。

塚本　それってなぜなんですかね。小学校とか中学校に通っていたときに、外の人から話を聞くとか、自分からなにか声をかけて話を聞くって経験が少なかったからなんですかね？

柴山　それはあるかもしれません。僕がここに赴任したとき、まずは知り合いを学校に呼んでみたんですね。それで校内を案内していると、「誰？　見たことない人がいる」ってみんなが振り向いていた光景を覚えています。教員や生徒以外の人が日常的に学校に来るような環境だったら、わざわざ振り向かないじゃないですか？これは全国の学校でそうなのかもしれないですけれども、そういう経験値は少ないかなと思いますね。

塚本　なるほど。実際に外の人が来ると、学校はどういうふうに変わったんですか？

柴山　外の人たちと出会う学びというのは一律のものではないので、個性を大事にできるようになったと思います。学校の授業って「ここを教えるよ」ってあって、みんなで学んでいくことが多いと思うんですが、自分の心になにか反応する人と出会えたときには、そこの学びを深くするために個々が求めていきますし、色々な子たちが輝ける環境ができてきたように思います。

塚本　たとえば、一人の方に講演に来ていただいたとして、興味を持ったり「こういう人になりたい」って思ったりする子がいる一方で、「自分はこの人ではないかな」っていう子もいるわけで、色々な選択肢の幅が広がっていくっていうことなんですかね。

柴山　そう思いますね。本当にわかりやすいと思います。興味があったらどんどん聞きに行きますし、そうではないかなと思ったら、ほかの子たちのチャンスになっていますし。

できていないところなんてそんなに見ていない

塚本　もともと福岡女子商業高等学校に来られている生徒さんというのは、卒業後はほとんどが就職していたんですよね？　基本はやっぱり地元の会社に就職していたということですか？

柴山　そうですね。

塚本　それが、小論文指導をやられて大学に行かれる方が出てきて、その人たちはまた新しい道を進むわけですけど、周りの子たちも「あっ、そういう選択肢があるんだ」っていうことに徐々に気がつき始めたんですか？

柴山　そう思いますね。僕が来る前には、「商業高校だから就職しに来ているんでしょ？」っていうスタンスがあったと思いますし、中学校のときに学力が高いと言われる子たちよりは、「なにか手に職を」という考えのもとうちへ来た子たちが多かった。中学校の先生とか保護者からも大学を選択肢としてあげられていなかったところに、僕は「大学は行こうと思えば行けるよ」って話をしたんです。生徒たちからはそれが「うれしかった」とあとから聞きましたね。

塚本　本人だけではなくて親御さんも、大学へ進学するって選択肢はないと思っていたんですね。

柴山　ええ。さらに親御さんの場合は結構経済的な面を心配されている方々が多いですね。

塚本　親御さんは大学に進学するといくらかかるっていうことはご存知なんですかね？

柴山　かなりざっくりですね。そこを丁寧に説明させてもらえれば、ゴーサインを出してくれるっていう方は結構いますね。

塚本　なるほど。

柴山　奨学金制度だと給付型のものが本当に充実してきているのですが、システムはあるのに保護者がそこにたどり着いていないんです。もちろん、日々忙しくされているから仕方ないとは思うんですけど。

塚本　先ほどもちょっとありましたけれども、小学校・中学校の段階で自分の学力にあんまり自信がない子に対して、自信をつけてあげるっていうのはすごく大事なんですか？

柴山　そうですね。まず、「学力っていままでやってきたテスト中心のものだけではないよ」っていうことを伝えるように意識しています。だから、先ほどの小論文などを例にすると、社会の問題点を認識して、それに対しての解決方法とか、自分からアプローチしていくような発想とか、こういったものにもすごく価値があるんだよって話をします。

塚本　いままでは、たとえば、算数で計算問題を解くみたいに、はっきりと正解か不正解かわかるものが学習だったと思うんですが、小論文みたいに必ずしもなにが正解かは別に決まっていなくて、その中で、自分の頭で考えて、自分なりの発想で回答していくっていうことをやっていくと、子どもたちってどういうふうに変化していくんですか？

柴山　自分の意見を言うようになりますね。そこに喜びを見いだしているのかなと僕は感じています。最初はすごく怖がるんですよ。原稿用紙を見ただけで「……原稿用紙、つらい」ってなります。けれど、なぜそうなっているのかって言うと、これまでの小学校・中学校で文章を書いたときというのは、褒められるよりもできていないところや漢字のまちがいを指摘されたり、赤字で真っ赤になって返ってきたりといった経験があるからなんです。自分としてはすごく時間をかけて書いているのにそんなの悲しいじゃないですか。だけども、高校ではできていないところなんてそんなに見ていないんですよ、特に僕は。書いたものでおもしろい発想のところをピックアップして生徒に話をしますね。すると、喜んで書いてくるようになったりとか、そういう変化はあります。

塚本　そうは言っても、いちばん初めって、やっぱり原稿用紙を前に、怖いし、なにを書いたらいいかもわからないし、いままで書いたこともない。でも、がんばって書きましたって先生に渡しますよね、最初はどうするんですか？

柴山　最初は「すごいねー」って言います。

塚本　まず褒めるところから入るんですね。

柴山　基本的に最初のころはずっと褒め続けますね。絶対におもしろい発想の部分があるので。なにが怖いのかって言ったら、多分、「自分の考え方が相手に認められるのか」みたいなところにあると感じています。でも、それって必要ないことで、「あなたはこう思って、僕はいまこういうことを考えているよ」っていうコミュニケーションの一つだと思うんです。だけど、原稿用紙に書いちゃうと、採点される側と採点する評価者側っていう立場に分かれてしまうような気がして、そういうのはあまり考えないようにしています。

塚本　なるほど。そうすると、段々と自分の意見を自由に出していいんだっていうことがわかって、さらには、自分らしい考え方がなんなのかっていうこともわかってくる。そういうことにつながりますよね。

柴山　そう思います。社会問題と一口に言っても、どこに心が動くかというのは本当に多様です。子どもたちの健康問題なのか、おじいちゃん・おばあちゃんの話なのか、それともいま海外で本当に生活に苦しんでいる子どもたちのことなのか、ジェンダー問題なのかとか。やっぱり、自分にとって興味・関心があったり、心が動くところが述べやすいところです。

塚本　授業への参加の仕方とかも変わりますか？　普通は教壇から先生が「なにか質問ある人？」と言っても、誰もなにも言わなくてシーンってなっちゃうじゃないですか。でも、そういうところでも手をあげて「私はこう思います」「ここはどうなんですか？」みたいなことを言うようになってくる感じですか？

柴山　変化はありますね。小学校とか幼稚園ではみんな手をあげるじゃないですか？　こないだも小学校の授業を見させてもらったんですが、あの光景がいつのまにか失われてしまうんですよね。でも、高校ではまた違った一種の喜びが出てくるような気がしています。自分の意見を表明して、周りがそれについて話すことで議論が深まっていくとか、そういうことを楽しんでいる様子はありますね。

女子商マルシェとクラウドファンディング

塚本　なるほど。別に小論文だけではないとは思うんですけど、やっぱり、そういうことを高校にいる間に教えておきたいっていうことなんですね。ちょっと話題が変わるんですが、ちょうど先週、「女子商マルシェ」をやられているじゃないですか？　女子商マルシェってどういうものなんですか？

柴山　女子商マルシェは店舗経営実習ということで、今年（2022年）から大きく変えたんですよ。かつては、販売実習としてビジネスマナーだとか金銭授受だとか、そういった外側の部分を大人の方々からまねしようっていう意識が強かったと思うんですけれども、今年はもうスタートのところから、どういったお店にしたいのかとか、なんのためにそのお店をやるのかとか、そこから考える経営実習だということにして、リーダーもしっかり決めて行うことにしました。さらに、いままでは同学年の同じクラスでやっていたんですけど、それを縦割りの1、2、3年生ごちゃ混ぜでやることにしました。入ってきたばかりの1年生リーダーが誕生したところもあって、そこら辺の変化も見ていてすごくおもしろかったですね。

塚本　最初にやる段階で企画書みたいなものをつくるんですか？

柴山　そうですね。各店舗やっていますね。

塚本　ある種、経営計画的に、たとえば、食べ物をつくって売るのだとしたら、どのぐらい食材を集めて、実際に調理して、どのぐらいのお客さんに買ってもらうかとか、どうやって買ってもらうかとか、そういうことも考えないといけないじゃないですか？

柴山　なにかをつくるというよりは、企業さんの商品を扱わせてもらったりとかタイアップさせてもらったりとか、基本的にはそういったものです。けれども、どれぐらい仕入れるかはものすごく大事な話で、多く仕入れすぎたら赤字を抱えることになりますし、本当にお金に直結しています。そういった学びですね。

塚本　生徒は女子商マルシェでなにを学ぶんですか？

柴山　苦しさと喜びを学んでいると思います。やっぱり二日間働き続ける、店を守り続けるっていうところでは、本当に苦労があります。自分たちで計画を立ててやるので、狙った結果が出せるかどうかっていう楽しさとか悲しさみたいなところを学びますね。あと、本気でなにかをやりたいと思ったときに、コミュニケーションを取ってうまくやっていくことのむずかしさとかですかね。

塚本　計画どおりにいかないときにどうやって改善をするのかっていうのを、仲間で話し合って合意してやっていくっていうことも非常に大きな学びになるように思います。

柴山　そう思いますね。やっぱり1年生リーダーのところは混乱していました。学校の文化って年功序列的なところがありますよね。1年生のスーパープレーヤーが入ってきたとしても部活動では3年生の方が偉いとか。それはみんなが安心できるシステムではあるかもしれないですけど、社会は変わってきていると思うので、そういったことを学ぶ機会にもなったのかなとも思いました。

塚本　学校って普通に考えると、やっぱり、学校の年次で、先輩は偉いっていうふうな序列ができあがってしまいます。それを壊して、適材適所で色々なことをやっていく、コラボレーションするっていう考え方はかなり新しいかもしれないですね。

柴山　必要な学びだと思っています。

塚本　今回の女子商マルシェでは、クラウドファンディングをやられているじゃないですか？　あれって、先生方が「クラウドファンディングをやったら？」っていうふうに言ったんですか？

柴山　いえ。子どもたちのやりたいことがたくさん出てきて、「それをどうやってやるの？　予算は決まっているよ？」みたいな話をしたら、ちょうどその前にクラウドファンディングのサイトなどを運営されている方が学校で講演を行ってくれていたので、クラウドファンディングをやりますっていう話になりました。

塚本　講演を聞いただけで終わらないで、それをこの女子商マルシェで使おうと。

柴山　とにかくタイミングがよかったです。

塚本　なるほど。でも、そこで実践できるって素晴らしいですよね。

柴山　そうですね。

塚本　クラウドファンディングで集まった資金ってなにに使われたんですか？

柴山　女子商マルシェの中で音楽フェスをやるっていうのと、キッチンカーでマルシェに来られなかった人たちへも女子商マルシェを体験してもらいたいっていうのと、もう一つは各店舗をより充実させるための支援金みたいな形ですかね。

塚本　目標金額はいくらだったんですか？

柴山　１００万円です。

塚本　達成できたんですか？

柴山　達成しました。本当に感動の瞬間でした。

塚本　クラウドファンディングもそう簡単にはなかなか達成できないじゃないですか？

柴山　いや、本当に苦しんだんですよ。残り5日間で40万円足りなくて、さすがにもう無理かっていうような雰囲気が出ていたんですけれども、応援コメントを読んだら、2回目の支援を入れてくださる方がいたんです。「ここであきらめるわけにはいかない」ということで、クラウドファンディングをやっている子が「もう、私たちだけで40万円を集められません。ここには４００人いるので、みなさんが一人ひとり動いてくれるだけで、不可能ではなくなるんです」って全校放送で呼びかけて、そこから怒濤の追い上げでなんとか達成できたんです。

塚本　最初にクラウドファンディングをはじめたのは二人の生徒さんかもしれないけど、学校全体を動かすっていうことにつながって、実際に協力してくれる生徒さんがいっぱいいて、お金が最終的に集まった。プロジェクトを一人、二人でやるのではなくて、みんなを巻き込んでやっちゃうっていうのは、すごく大きな体験ですよね。

柴山　本当に大事な体験です。

塚本　実際にお金を集めるっていうことは、学校の中だけじゃなくて外の人からお金を入れてもらうっていうことになるじゃないですか？　そういう人たちにもアプローチして、お願いして回るっていう、そういう体験もする。学校だけにとどまらない学びにつながってくるっていうのはおもしろいですよね。

柴山　本当にそう思います。１００万円が集まって喜びきったあとに、お金の重みとか、１００万円でなにをしようとか考えたことがないから、生徒がすごくプレッシャーを感じてしまって「音楽フェスをやると言っても、中途半端なフェスじゃ、支援してくれた人たちをがっかりさせちゃうよね」って話が出て、そこもおもしろかったですね。

塚本　単純に学校から予算が１００万円あるから使っていいよって言われるのと違いますからね。クラウドファンディングで集めているっていうことは、支援してくれた人たちに対して責任が生まれるっていうことで、だから、ちゃんとしたものをつくらなきゃいけない。クオリティを担保しなきゃいけないし、実際にお金を出してくれた人たちにリワードを返さなきゃいけないっていう、そういう発想になるのもおもしろいですね。

柴山　いや、本当に思いましたね。

学校で金融教育を行う意味

塚本　でも、そういうクラウドファンディングを使うっていうことになると、自分で働いて色々な形でお返しするっていう部分もあるんですけれども、やっぱり金融教育につながってきますよね。学校の中で金融教育をやらなきゃいけない理由ってありますか？

柴山　そうですね。学校って、危険なものをすごく先送りにするところがあります。たとえば、お金の話は危険だから大人になってからとか、自由を学ばせるのも早すぎると。でも、大人になったら「もう大人なんだからできるでしょ」って迫られるじゃないですか。抜け落ちてしまうそこを補うのが学校の役割なんじゃないかなと思うんですよ。お金についても成人を迎えたあとや働くタイミングで、いきなり「自分で管理しなさいよ」と言われて、対応できるものではないというふうに思いますし、だからこそ学校で伝えていく必要がある。あと、家庭ではなかなか直接的にはしにくい話を学校で学ぶっていうのは、すごく大事なことだと思います。

塚本　実際にはどういうことを教えられているのですか？

柴山　そうですね。うちは商業高校ですので、お金の話をする量は単純に多いと思います。そんな中でも最近やったのは、寄付金を30万円うちの学校で預からせてもらって、どこに寄付するかを子どもたちが決めるというものです。寄付をする候補先のNPO法人の財務諸表などを見て、健全な運営をしているかを確認し、そこで絞られたNPO法人の方々に「学校に講演しに来てくれないか」とお願いしました。「なにをやりたいのか」「なにを実現したいのか」という話を聞いたうえで、また自分たちで話し合って寄付先を一つに定めて、そこに寄付金をお渡しするという授業でした。先ほどの話のクラウドファンディングでお金を集めた子たちもそうですけれども、この子たちも、「自分たちが普段考えているお金」と「自分たちに権限として与えられたお金」っていうのは違うと感じたようです。お金を使ってなにをするか、誰かのためになるのか、お金の使い方によってそのお金が生きるかどうかっていうのも考えたので、自分のお金の使い方にも責任感が生まれたんじゃないかなと思いますね。

塚本　寄付って言うと、たとえば「貧しい国に学校をつくりましょう」みたいに、そのプロジェクトを行う精神に賛同するのでお金を出しましょうっていう形になりがちだと思うんです。でも、それだけではなくて、ちゃんと組織が健全に運営されているかとかを調べる。簿記の勉強をされている方もいっぱいいらっしゃると思うので、そういう知識を使って、いろいろなことで分析する、そういう実践ができますね。

柴山　いままでならば、寄付金を30万円集めようとか、場合によっては目標よりももっと多くの金額を集めようって方向で取り組んでいたと思うんですよ。複数の中からどこに支援するかを選ぶっていう経験はしたことがなかった。すごく勉強になりましたね。このお金があったら私たちは子どもたちにこういうことをしますとか、ペットに対してこういうことをしますとか、候補先の方々は寄付金の使い道について具体的な話をしてくれたので、寄付の奥深さを感じ取ったんじゃないかなと思いますね。

塚本　寄付をすることで世の中にどんなインパクトを与えられるのかっていうことを、複数の組織で比較して、最終的に一つを選ばなければならない。私はここを応援したい、私はこっちを応援したいって言っていても、最終的にどっちにするのかっていうことを、みんなで合意するためのある種のルールをつくらなくちゃいけない。絞り込むっていうところがすごくいいのかもしれないですね。

柴山　本当にそのプロセスは素敵でしたね。

お金のことを知らなければ将来の職業を選べない

塚本　以前、お話をうかがったときに「キャリア教育をしていく中で、生徒さんが将来どんな仕事をするのか。たとえば、実際にどのぐらいのお給料をもらえるのかみたいなことも教えなければいけない。それを知らないと職業って選べないよね。だから、キャリア教育の中でお金のことも教えていくべきだ」みたいなことをおっしゃっていたかと思うんですが、そういった内容も教えられているんですか?

柴山　そうですね。そこら辺は進路の選択の際とかに本当に大事なものだと思います。自分がどんなことをしたいかだけでなく、どんな生活であれば満足できる人間かということを知ることもすごく大事だと思っているので。生涯賃金や業種別の給料の話とか、実際に一人暮らしをするためにはこれぐらいの金額がかかるんだよとか、子育て費用とか、そういう話をすると生徒から悲鳴が上がることもあります。

塚本　はい。莫大なお金がかかるって、そういうことですよね。「子育ての費用がこのぐらいかかります」「教育費ってこのぐらいかかるんですよ」って調べると、いかに自分がいままで大事に育てられてきたか、お金をかけてもらってきたかっていうこともわかるので、親に感謝しようという気持ちになるし、いまこうして勉強していること自体にも、一所懸命やらなければいけないっていう気持ちになる、そういうのもありますよね。

柴山　あると思いますね。

塚本　たとえば、子どもが好きだから保育士になりたいと思って、専門学校に行って資格を取るとします。そしてその後、就職する場合、どのぐらいの給料がもらえて、どんな生活ができるのかっていうことも自分ごととして実際に調べたりもするんですか？

柴山 そうですね。そういったアンテナを張れれば、保育士の人に話を聞いてみたいっていう子が出てくるので、実際に保育士の方に話を聞くことになりますね。「子どもが好きだから保育士になったけれど、自分の子どもを育てられるかどうかっていうところを私は悩んだよ」「子どもが好きって言っても、保護者の方とのお話の時間も同様に長かったりするよ」「子どもが好きっていうだけで保育士っていうのは直結しないよ」というような話を実際に聞くことができたのですが、どれもすごく説得力があるなと思いました。

塚本 なるほど。保育士の仕事というのは必ずしもすべての時間が子どもと接する時間になるわけではなくて、もちろん親御さんともやりとりをしなきゃいけなかったりとか、そういうことも大事だっていうことですね。職業選択の授業みたいなものっていうのはあるんですか？

柴山 そうですね。最近はキャリア教育で「自分はどういう人間か？」を知ろうという授業を行うことが、うちだけではなくて他校さんでも増えてきているように思います。うちは色々な大人が出入りしている学校ですので、多分そこで出会う大人たちって、生徒たちからすると頭に「？」が浮かぶ大人が多いと思うんです。そういった大人たちが「そんな職業があるんですか？」っていうものから、「仕事はこれなんだけど、自分がいまいちばんがんばっているのはこれ」みたいにさまざまな話をしてくれるので、生き方の多様性を教えてくれているような気はしますね。保護者の職業だとか、スポーツをやっている子がけがをしたときに理学療法士さんにお世話になったのでその仕事につきたいですとか、子どもたちのなりたい職業って自分が触れたことのあるものからしか選ばない傾向があるので、選択肢の数を増やしてあげたいと思っています。あとは、つくりだしていくっていう感覚も今後は大事かもしれないですね。

一度決めたことを貫かなくてもいい

柴山　とにかく体験してみなければ自分を知ることはできないと思うので。たとえば、今回の「音楽フェス」の話でも、なにかをつくりだしていくのが好きなんだと自分の新たな一面に気づいた子がいた一方で、「なにをしてもいいよ」って言われたら落ち着かない」とか、「指示をください」っていう子もいました。

塚本　高校にいる間に「まずはこういうことをやってみたい」っていうものが決められるといいですね。

柴山　そう思います。学校では「一度決めたらそれを貫きなさい」と言いがちなのですが、うちでは必ずしもそうじゃないっていう指導もしています。場合によっては逃げた方がいいことだってありますよね。

塚本　それは結構大事なことかもしれないですね。挑戦してみたものの、自分には向かないなとか、もしかしたら自分は違うことが好きなのかもしれないなって気がつくことはいっぱいあると思うんです。そうしたら、ちょっと方針を変えてみたり、また新しいことにチャレンジしてみようっていうふうにした方が、いろいろと選択肢が増えるし視野も広がります。「最初に決めたら、もうずっとそれを続けなきゃいけない」と言われちゃうと、最初の選択肢をまちがえたらその後は不幸にしかならないですよね。

柴山　本当にそう思います。「あっ、失敗した」と思って振り返られるぐらいだったらいいんですけど、「3年間ずっとそれに時間を使ってしまった」となったら、もう後戻りがむずかしくなってしまったり、思い出したくない過去になってしまったりする可能性があるので、やっぱり自己決定っていうのは非常に大事だと思います。

塚本　そういったことは保護者のみなさんにもお伝えしているんですか？

柴山　「うちはこういう学校です」というのは、入学の前のタイミングでとにかくとにかく伝えるようにしています。あるとき「うちの学校は割と色々なことを認めてくれる、ゆるい学校なんじゃないか？」みたいなことを保護者の方から言われたことがあるんです。でも、「こっちの方が絶対むずかしいですよ」って答えました。うちでは自分で考えて決断して行動する人になってもらいたいので、まかせるところはまかせるようにしています。まかせている分、夢を持てたとしても、気づいたらその夢にはもうたどり着けないものになっている可能性があるかもしれない。そのプレッシャーと戦いながら生きていきます。ある意味、うちの学校は残酷です。

塚本　なるほど。柴山さんがこちらに来られてからの3年間で、保護者のみなさんに変化を感じることはありますか？

柴山　「色々なところで女子商の話が出てきて、誇らしくなりました」と言われるようになりました。あと、保護者会の方々が独自におもしろい大人を呼んできて学校で講演会を開いてくれるようにもなりました。そこではハプニング的ないい出会いが生まれることもあって、そういうことを積極的に楽しんでやってくれるのはありがたいなと思います。

いま行われている商業教育と社会との乖離

柴山　リアルなビジネスとか社会で実際に使われているスキルや知識、これらといま商業高校で教えているものってすごく乖離している印象があります。簿記や情報処理をはじめとする検定試験を受けて資格を取らせるというのも大事かもしれませんが、むしろ、世の中の大人の困りごとに迫っていき、そこからなにかを学び取ってほしい。そう思っています。

塚本 大人の困りごとっていうのは、どういうふうに探してくるんですか？

柴山 大人たちが結構言ってくれます。

塚本 そうなんですか？

柴山 「こういうことが学べたらいいよね」「こういうことが学びたかったな」っていうことを結構教えてくれるんです。そうしたことを授業に落とし込むようにしています。たとえばマーケティングってありますよね。マーケティングはめちゃくちゃ深い分野なのに、商業高校の枠で考えるとマーケティング検定が中心になって、語彙の話ばかりになってしまいます。そうではなくて、一見しただけではわからないかもしれないけど、マーケティングの考え方は世の中や日常に多く使われているというところを見せてあげたい。そうすることで生徒の視点が変わってくると思うんです。

塚本 「大人たち」というのはどうやって見つけられるんですか？　生徒さんが就職した先の企業の方とかですかね？

柴山 いや。「女子商ってなんかおもしろそうなんで、行ってみてもいいですか？」という人たちがかなりいるんですよ。あと、「うちは女子の商業という分野を突き詰め「女性の社会進出」に本気で取り組みたい」と常々言っているので、そこに共感してくれる人が遊びに来てくれることも多いです。昔はもう本当に、うちみたいに県名がついて女子商業っていうのがたくさんあったんですが、普通科に変わったり共学化していったりとかでいまはどんどんなくなって、残っているところでも生徒が集まらなくなってきています。これは別に

「女子校」が悪いわけではないし「商業」が悪いわけでもなくて、いままであったやり方をずっと続けているから選ばれなくなっているだけなんじゃないかと思っています。これは普通科でも同じですが、いまはテスト形式の知識の学びから体験形式の学びへと変わってきています。そうなった場合に「最先端で進んでいるのって商業高校なんじゃないか」とも考えていて、色々なことが学びに直結しているのでちょっと変わったことをしても「なんでそんなことをやっているの?」と言われることが少ないんです。商業高校の扱う分野の幅広さを感じます。また、「女性の社会進出」といっても、女性らしさとか言うつもりはまったくなくて、ただ、生きるための武器を身につけていこうっていうような取り組みを増やしている最中ですね。それらが求められればうちは生き残れるでしょうし、そうじゃなければ淘汰されるかもしれません。おかげさまで生徒数は増えてきているので、ある程度は評価されているのかなと感じています。

塚本　なるほど。生徒さんが増えているっていうことは、そういうことをやらせてみたいっていう保護者の方が結構いるっていうことですよね。

柴山　プロジェクトなどに参加している子どもの様子を見て、「こんなことを高校生からやれるなんて、私がむしろ行きたい」と言ってくれる保護者の方も多いですね。うれしい驚きでした。

体験的なこともそうですし、専門的な知識を持った方からなにかを教えてもらうっていうのも含めて、うちでも金融教育には力を入れてやっていきたいと思っています。日本ではお金の話は敬遠しがちですけど、早くから学ぶことでその後の将来が変わってくるということは実感しています。金融教育をはじめようとなったとき、僕らにお金の知識が十分だったかというとそんなことはなくて、わかっていないということを知りました。だから、保護者の方もお金のことを子どもに教えなきゃいけないと身構えるのではなく、子どもと一緒に学んでいくぐらいの姿勢を持つことが大事なんじゃないかなと思います。

100億円企業の会長が教えてくれる成功の道筋

塚本 あと、そうだ。岩本初恵さんを呼ばれて授業をされていますよね？ どういう方なんでしょうか？

柴山 「株式会社愛しとーと」という、福岡のこの那珂川市にある企業がありまして、そこの会長をされている方です。会社をずっと引っ張ってこられて100億円企業にまで押し上げました。初恵さんに「那珂川から女性経営者を出したい。その支援として、なにもいらないので話をする機会がほしい」と熱く訴えられました。そこで、去年は毎週水曜日に1時間、起業塾という形で授業を行っていただきました。あるとき、生徒との会話の中で「年間100億円のお金を動かすってどういうシステムをつくったらできるんだろうね？100億だよ？」みたいな話が出ました。僕ら教員にも答えはわかりません。「今日だったら初恵さんに聞けるよ」って言ったら、生徒がすごく喜んで。初恵さんにピュアな質問をどんどんぶつけて、すごくいい学びになったことがありました。やっぱり彼女は生徒にとって一つのロールモデルになるんじゃないかなとは思っています。

塚本 話を聞いてみて「こういう人になりたいな」って思ってくれると、また一つステップが上がってくるし、モチベーションも変わってくるように思います。そこに行き着くまでに具体的になにをしなければいけないのかとか、なにをしたらそういう可能性が出てくるのかということも、直接質問できるってことがすごく大きいですよね。

柴山　高校生のときって感覚が結構鋭いので、話を聞いていたら、たまたま成功したんじゃないなっていうことにきっと気づくと思うんです。それを早期に知れるのはいいことです。

塚本　成功するためには運も必要かもしれないけれど、努力は必ずしているっていう、そこの部分も知ってもらうことが大事ですね。適当にやってうまく当たったらお金がいっぱい入ってきて、有名にもなれるかもしれないっていう発想がどこかにあるかもしれないですけど、実際に成功された方に「いかに準備をして、その準備をしてきたことが最終的にうまくいったからいまがあるんだよ」っていう話をされると、日々やらなければいけないことの重要さみたいなことも学べるっていうことですよね。

柴山　そう思いますね。

塚本　しかも地元でこんな成功例があるっていうのも夢が広がります。

柴山　話は変わるかもしれないですが、「とかく日本では、お金持ちって警戒されたり、あまり好かれなかったりすることも多いかもしれない。だけど、納めている税金の額を考えると多くの人を支えていることになる。これってどう思う？」って生徒にたずねたことがあるんですけど、「確かに」って言っている子たちが多かったですね。そこで、自分たちがいままで考えもしなかった社会への貢献の仕方があるんだってことに気づく子もいましたね。

塚本　税金を納めるというと、自分の手取りが減っちゃって損しているみたいなイメージがあるかもしれないけど、その税金がちゃんと使われることによって世の中が回っている。それこそ、公立の学校なんかはそれで経営されているんだよっていうことを知ると、税金を払うことにもちゃんと意味があるとわかる。それで、愛しとーとのように実際に大きな収益をあげている会社はそれだけ税金も多く払っているわけだから、地元にも貢献しているってことが理解できるってことなんですね。初恵さんの授業の中で、金融教育とかお金の面の教育みたいなことをされることってあるんですか?

柴山 いまはまだありません。経営論だとか、人とうまくやっていく方法だとか、リーダーシップの発揮の仕方についてなどがテーマでしたね。

お金について自分で決める機会を与えてほしい

塚本 キャリア教育との関連でお金について学ぶっていう話があったと思うんですけど、逆に、家庭でこういうことを教えた方がいいとか、教えてほしいみたいなことってありますか?

柴山 そうですね、ある程度、お金を扱う、まかせる機会を子どもに与えていただけると学びが深くなるかなと思います。やっぱり、管理が過ぎると学びは少なくなるものですから。自分で使えるけど使わないという選択とか、なににお金を使うかを決める、すなわち自己決定っていうのはすごく大事だと思うのですが、そういったところは、僕らができる話ではないです。

塚本 なるほど。保護者から子どもにお金を渡して必要な物を買わせたり、ほしい物を買うために子どもにお金のやりくりをさせたりすることがなくなってきているのかもしれないですね。

柴山 そう思います。うちはアルバイトをOKにしたんですけれど、それはプロジェクト学習の場がすごく増えてきたというのも理由の一つです。プロジェクト学習に参加するためにお金がかかることがあって、そのプロジェクトでこういう学びをしたいから、事前にアルバイトでいくら貯めておこうとか、留学したいからいくら貯めておこうとか考えたり、実際にお金を貯めたりする経験がすごく大事だと思っています。もちろんそこで節約について考えることもあるでしょうし。

塚本 なるほど。それはすごくいいですね。お金の使い方から逆算して稼いでいくって大事だと思います。たとえば、プロジェクト学習の参加にはいくら必要で、毎月働くといくらになって、働いていけばいつお金が貯まるのかとか、自然と考えるわけですからね。

柴山 その辺も大学生とかになってから失敗する子が多い印象です。大きくなって自由を得てから、大学というチャンスを手に入れたけれども、アルバイトで4年間をつぶしてしまったっていう話も聞きます。これは高校でアルバイトを一律で禁止とかやっているから、そういう問題が起きてしまうのかなと思います。うちだったら「大人たちは全財産を払ってでもみんなの年代に戻りたいって言う人は多い。それはそれだけの価値があるということ。にもかかわらず、君たちの中には850円を稼ぐためにその価値ある時間をダボダボ費やしてしまう人もいる。時間が大切になるタイミングとお金が大切になるタイミングがあるよね」って話もできるので、生徒も「いまはどっちが大切なんだろう」と考えることができるように思うんです。

塚本 なるほど。高校を卒業して社会人になったり進学したりすると、お金にまつわることを自分で色々やらなければいけなくなるので、それを事前に小さな形であれ、体験しておくっていうのは結構重要ですよね。

柴山 小論文でもクレジットカードを扱ったものとか、お金をテーマにした問題が出ることがあるんですけど、やっぱり体験が抜け落ちているので問題点を認識しづらいようです。そもそも、高校生はクレジットカードの契約ができませんし。

塚本　体験ということも大事かもしれないですね。プロジェクト学習のためにお金を貯めていたけれども、途中でちょっとむだづかいをしちゃって足りなくなってしまったというような経験も、すごくいい学びになるんじゃないかと思います。むだづかいの分をカバーするためにアルバイトを増やさなきゃいけないんだけど、アルバイトを増やすと学校の勉強がおろそかになっちゃうとかね。そういうトレードオフの関係もあるんだということも、実際に体験すると、大学生や社会人になったときに同じまちがいを繰り返さないようにしようっていうことになると思うんです。だから、小さな失敗は問題ないからと、とにかくやらせてみる。学校でも家庭でもそういう姿勢があるといいと思います。

柴山　そうですね。子どもにまかせるべきところはまかせてってことですね。ほかにも、短期的な利益よりもちょっと長期的な利益に目を向けさせてみたいなことは大事かなと思います。授業でアマゾンのことを話したことがあったんです。「アマゾンという企業はあれだけ成長しているんだけど、お金(現金)をたくさん持っているかといえば、そうじゃない。どこにお金を使っているかというと投資だよ」って言ったところ、生徒は「私たちも同じかもしれない」って言ったんですね。「貯金するよりも将来の自分への自己投資に使った方が成長につながるのかも」って。生徒の反応に「なるほどな」と思いました。

塚本　金融教育というと、とかく、金融商品を買って投資をしようみたいな話になりがちですけど、自分に投資をして、自分の価値を高めて、稼ぐ力を高めていくっていうのも一つの考え方です。ただし、それが金額に見合った投資なのかどうかっていうことも自分で判断しなくちゃいけないですね。

柴山　そう思います。

(取材日：2022年12月9日)

柴山翔太（しばやましょうた）

福岡女子商業高等学校校長。1990年北海道生まれ。国語科の教師として4つの私立高校を経験後、同校に常勤講師として赴任。赴任1年目で、進学指導・小論文教育により同校の国公立大の合格者をゼロから20人に増やす。1年目が終わるときに次年度の体制について直談判したところ、唐突に理事長から「君が校長をやればいい」と打診を受け、30歳で校長に抜擢される。著書に『きみが校長をやればいい　1年で国公立大合格者を0人→20人にした定員割れ私立女子商業高校の挑戦』

取材協力●福岡女子商業高等学校：橋本直英、鈴木涼子
撮影●獅子目晃一

柴山翔太

赤池慶彦

NPO法人キッズフリマ代表理事

お金や物の価値が学べるのは
子ども自身の実体験から

小学6年生から路上販売で生計を立てる

塚本 子どものころから商売の体験をされてきたっていうことをお聞きしましたが、そこら辺についてちょっとお話しいただけますか？

赤池 実は、私が小学校6年生のときに父親の会社が倒産しまして、その関係から自分で稼がなければいけなくなりました。それで、路上販売をはじめたというのが初めての商売体験になります。

塚本 路上販売って、具体的にどういったところでやられていたんですか？　本当の路上なんですか？

赤池 もう本当の路上です。渋谷で言うと、いまミヤシタパークってあると思うんですけど、あのあたりですね。昔はちょっと汚らしい感じだった宮下公園のそばに眼鏡屋さんがあって、その隣の路上でよく店を開いていました。あと、いまではもう考えられないのですが、ハイブランドの旗艦店が並び年末にはケヤキ並木のイルミネーションで有名な表参道、あそこも週末になると路上販売が盛んでした。場所を取るのが大変で、朝早く行かないといい場所がなくなってしまう。何十組、何百組っていう方が販売していましたね。

塚本 どういう商品を売られていたんですか？

赤池 もうさまざまな物を売りました。はじめは中古ファミコンを販売したんですが、それを皮切りに、古着やアクセサリー、腕時計、ちょっと変わったところでは婦人用の毛皮を売ったこともありましたし、宝石を売ったこともあります。本当にありとあらゆる物を販売していました。

塚本 やっぱり仕入れの値段とか、実際に売れる価格がどのぐらいなのかみたいなことも調べないとなかなかできないですよね？

赤池　そうなんですよ。そのころはインターネットがあるわけではないので、自分でそれこそ問屋さんに行って「これ、いくらで売ったらいいですか？」とか聞いたものです。まあ、ファミコンに関しては自分もファミコン世代だったので、ソフトのおもしろい／おもしろくないがわかるから、いくらぐらいで売れるかなっていうのは見当がついたのですが、アクセサリーなんかはまったくわかりません。見よう見まねで学んでいきましたね。

塚本　周りで路上販売をされていたのってどんな方なんですか？　若者？　おじいちゃんとか？

赤池　小学生だったあの当時からすると、お兄ちゃん、お姉ちゃんみたいな感じだったんで、20代後半から30代ぐらいだったんじゃないかなと思います。雨、風の中でやったり、朝早くから夜までやったりすることも結構あって、体力的にしんどいからご年配の方はそんなにいなかったように思います。

塚本　朝早くって何時からやられていたんですか？

赤池　だいたい6時から行っていましたね。夜は8時とかまでやっていましたよ。時間にすると14時間労働ぐらいですかね。結構、気力・体力を使います。

塚本　他の方はどんな物を売られていたんですか？

赤池　色々な物を売っていました。ブームみたいなものがあるもので、いっとき多かったのがシルバーアクセサリーです。海外から輸入してシルバーのアクセサリーを売る方が、ドッと増えた時期がありました。あと、場所柄か、古着を売る方も多かったですね。

塚本　これは聞いちゃっていいのかわかりませんが、いちばん売り上げたのってどれぐらいですか？

赤池　どれぐらいだろう。一日で20万近く売ったときがありますよ。はじめたころは別として、だいたいコンスタントに5～6万は売っていました。毛皮を売っていたときがおもしろくて、中学生がその辺を歩いているマダムに15万とかで売るんですよ。売るにはちょっとしたコツがあって、女性はサイズを気にされる方が多いから、タグに表示されているサイズよりダボッとしたもの、たとえば、9号って書いてあるけど着てみたら9号にしてはちょっと大きいかなっていうものを仕入れるんです。「普段は何号のものを着ていますか?」と聞くと、やっぱりだいたい小さめで返ってきます。そこに「これ、着てみてください」って仕入れてきたものをお渡しすると、「ピッタリだわ」ってことになって気持ちよく買ってもらえるんです。問屋さんから教えてもらったテクニックなんですけど。

塚本 それって買取りなんですか?

赤池 そのときは委託でした。

塚本 じゃあ、売れなかったら問屋さんに返せばいいんですね。

赤池 はい。委託も買取りも経験しましたね。委託だとそんなに儲からないんですよ。路上販売って、定価で買う人はいらっしゃらないじゃないですか。1万5000円の値札がついていても「1万円だったら買うよ」って話になりがちです。委託だと仕入れ値で8000円ぐらいの物を1万5000円で売っているんで、1万円に値引きしちゃうと手元に残るのは2000円になってしまいます。これが買取りだと5000円で仕入れることができるので利幅が大きくなる。問屋さんも「委託だとこれくらい、買取りだとこれくらい」って言ってくるから、「これは絶対売れるよなあ」と思う物は買取りで仕入れていました。だから、在庫のリスクについても中学のときには考えていましたね。その都度その都度で勉強しながらやっていましたが、色々と失敗もしました。あるとき、「まとめて買うから1個これぐらいの価格にして」ってお客さんに言われて、まとめて買ってくれるのだったらとその価格にしてあげたんですけど、家に帰ってよくよく計算してみたら原価割れしてたなんてこともありました。

塚本　一日5万とか6万とか売れていると、半分ぐらいは利益になっていたんですか？

赤池　そうですね。そこはめざしていました。けど、やっぱり日によってですね。半分以上いくことはまずなくて、半分ぐらいいくか、3割ぐらいいくかみたいな感じでした。

塚本　なるほど。それでも小学生とか中学生からしたらすごい稼ぎですよね。普通は働けないじゃないですか。高校生がアルバイトして1時間600円とか700円ってところですよね。

赤池　稼いだお金で1週間を暮らさなきゃいけませんでしたからね。土曜・日曜の学校がないときに路上販売をしていたわけですが、雨が降ったときが大変で、来週どうやって生活しようって心配していたものです。

塚本　毎週のようにやっていると、毎回来てくれるお客さんみたいなのも出てくるんですか？

赤池　そういう方もいらっしゃいましたね。常連っていう言い方が合っているかどうかはわからないんですけれども、ひいきにしてくださっている方が逆に「こういうのを仕入れてきてよ」っておっしゃって、当時の問屋街だった浅草や御徒町に行って「お客さんがこういうものを求めているんだけど、ありませんか？」と走り回ったこともありました。

塚本　小学生ではじめた路上販売はどのぐらい続けられたんですか？

赤池　中学くらいまでは普通に路上販売をしていたのですが、高校生になると状況が一変しました。規制がかかるようになったんです。路上で販売することに対してだったり、公共のスペースでの営利目的での行為に対してだったりと、さまざまな面で規制が進んで、路上販売を続けるのがむずかしくなりました。それで、路上販売からイベントでの販売に切り替えたのですが、イベントの場合、路上販売ではかからなかった場所代が、1万円とか1万5000円とかかかってしまうので厳しかったですね。

事業としてフリーマーケットを始める

赤池　大学での4年間というのは、新聞配達をしながら学校に通う毎日で、僕が商売から離れた唯一の期間なんですが、卒業と同時にフリーマーケットの事業をはじめたっていうような形になります。その当時のフリーマーケットはいまほど世の中で市民権があるわけではなく、多くは地域の方が集まってバザーの延長のような感じでやっていました。僕らは民間の企業の遊休地をお借りして、そこに「フリマ」という付加価値をつけたビジネスを展開することにしました。

塚本　アパレルの店員をやるとか、お店で物を売るっていうような感じで就職をしようとか、店舗を構えるっていうのもありますけど、そういうことは思わなかったんですか？

赤池　そうはならなかったですね。どうしてでしょうね。確かにいま思えばあるかもしれない。自分がそういうことをやってきたからかもしれないですけど、固定の店舗を持つよりは、ガチャガチャってしているマーケットをつくることの方が好きだったのかもしれません。あと、直接お客さんとコミュニケーションを取って、なにかビジネスというか商売をすることがすごく好きだったので、どこかに勤めてやるっていうよりは、自分で事業をやっていきたいっていう思いの方が強かったですね。

塚本　与えられた物を売るよりも売れる物を自分で探してやっていく方が赤池さんの性分に合っていたのかもしれないですね。

赤池　「フーテンの寅さん」みたいな感じですよね。なにかこう大きな大義があったわけではなくて、どちらかと言うと、そういう思いの延長でフリマ事業がはじまったかなっていうところはあります。

塚本　その当時、フリーマーケットは他でもあったんですか?

赤池　ありました。あったんですけど、古着ブームが来たとはいえ、大規模なフリマはなかったんじゃないかな。代々木公園や明治公園でもやってはいたんですけど、やっぱり公共スペースを営利目的で使用するっていうことが制限されていました。持っている遊休スペースを有効活用したいと考えている民間企業に目をつければ、中長期的にはビジネスになるんじゃないかなという感覚がありました。

塚本　賃料ではないけど、スペース料を払いイベントスペースを借りてフリーマーケットを開き、出店する人からは出店料を取るっていうビジネスモデルですね。

赤池　おっしゃるとおりです。いまならスペースマーケットさんとか、空間をマッチさせるようなサービスがあると思うんですが、そのアナログ版みたいなものです。オーナーさんや遊休地を持つ企業さんからスペースを安くお借りして、お借りしたスペースを区分けして一般の方に貸し出し、そこに集客という付加価値をつけてマーケットを成立させるという感じです。

塚本　なるほど。最初はどういうところからはじめられたんですか?

赤池　大井競馬場さんの駐車場だったり、西武ドームさんとか横浜アリーナさんとかですね。大井競馬場さんはいまでも続いています。横浜アリーナさんなどの施設では「ドタキャン」がつきものなんですね。たとえば、コンサートを予定していたけど、アーティストさんがキャンセルしたので1カ月先だけど、その期間の予定があいてしまうとか。そういった場合に施設を安くお借りしてフリマを開催するわけです。とにかく民間の方がお持ちになっているスペースで、ある程度の立地があれば、僕らはフリマの会員さんを十数万人抱えていたので、そこでマーケットとして成立させていきました。

塚本　いまさっきおっしゃったように、フリーマーケットっていうのは、もともとはある種、バザーという形でお金を集めて寄付にするとか、そういうことに使われていたので、参加者にはあんまり商売っていう意識がなかったように思うんです。いまやそれこそ、色々なアプリとかでも売買ができるようになってきているので、自分たちも安く仕入れてとか、どうやって高く売るのかみたいなこととかを考えるようになったと思うんですが、そのちょうど過渡期にあったたっていう感じですかね？

赤池　おっしゃるとおりで、1993年に古着のブームが来たんですね。実は今年（2022年）も古着ブームと言われているんですけれども、最初に古着ブームが来たのが1993年で、そのころテレビで有名なアイドルの方が古着を着始めたっていうことがあって、当時の10代の方を中心に市場に出回っていないアンティークやビンテージの掘り出し物を売買するようになったんです。ゴミ減量がトレンドになったこともあって、そういうことに伴いフリーマーケットに関してもブームがやって来て、開催も広がっていきましたね。

塚本　フリーマーケットをはじめられた当初は、どんなことで苦労されましたか？

赤池　お借りできた民間のスペースって、正直、公共のスペースほど立地がよくなかったんです。それこそ、代々木公園っていったら一等地にありますよね。それに対して、お借りできた大井競馬場はそこまでみんなが場所を知っているわけでもなかった。どうやって集客するのかということについては結構頭を悩ませましたね。

塚本　認知度の問題もありますよね。そもそも競馬場でフリーマーケットをやっているとは思わないじゃないですか？

赤池　そうなんです。そういうこともあって集客にはすごく苦労した感じがあります。それで、安い物を買おうっていう人ではなくリユースに関心の高い人をターゲットにしようとか、訪日外国人をターゲットにしようとか色々と試しました。僕らが海外に行ったときに、ファーマーズマーケットや蚤の市に行って、なにかよくわからない絵はがきを高い金額で買ったりしているじゃないですか？　同じことを大井競馬場でもできないかと思ったんです。訪日外国人のお客さまは徐々に増えて、いまや来場者の約4割にもなりました。南部鉄器が置いてあったり、掛け軸が置いてあったり、浴衣や着物が置いてあったりするのが、彼らにとっては日本の文化に触れられるマーケットだということで、結構好評いただいているようです。

キッズフリマがはじまったきっかけ

塚本　フリーマーケットをやられている中で、キッズフリマをはじめられたと思うんですけれども、どういう経緯ではじまったものなんですか？

赤池　もともとは大人のフリーマーケットの一角で、いわば集客につなげるためのコンテンツの一つとしてはじまった感じです。フリーマーケットに参加することで、大人だけではなくて子どもにもリユースの意識を高めてもらいたいと思ったんです。なので、ここで出店料をいただくとか、ビジネスをっていうことは考えていませんでした。けれど参加された子どもの親御さんから「子どもたちがすごく楽しんだ」とか「勉強になった」って言われて、「どういうことが勉強になったんですか？」と聞いたところ、「子どもがお金のことをちゃんと考えるようになったんだよね」「物を大事に扱うようになった」「普段はあまり話さない子どもがこれに出ることによって話すようになった」「コミュニケーションを取ることに対して自信を持つようになった」など、さまざまな声をいただきました。当初僕らは単なる「お店やさんごっこ」として考えていたので、親御さんのこれらの反応には驚きました。じゃあ、子どもに対してもっと学びのインプットができるようなイベントにしていこうっていうことになって、大人とは別のものとして展開していくことになったんです。

塚本　子ども用のエリアがあれば子連れの人がフリマに来やすくなるんじゃないかって発想ではじめられたのに、キッズフリマ自体に価値があったことに気がつくというのは興味深いですね。

赤池　もう本当に反響が大きかったんです。親御さんと話してみると、「自分の子どもにはお金のことをなかなか教えられないんだな」って感じました。僕は商売で育ってきたような人間なので、当然、家の中でもお金の話はしています。よその家庭でも「いくら儲かったとか損した」という話ぐらいはしているんじゃないかと思っていたんです。

塚本　ところが意外としていなかった？

赤池　そうなんです。お金について話すことはないし、教えることもなかった。「教え方もわからない中で貴重な体験をさせてもらった」っていうたくさんの声をいただいたときに、これはすごく社会的に意義があるし、やっていかなければいけないって感じました。

塚本　それでキッズフリマを主催するＮＰＯ法人キッズフリマを立ち上げられたと。

赤池　収益が出る事業でもないため、単独で開催し持続させるためにどうすればいいのかという点はずっと考えていました。あるとき商業施設から「キッズフリマをうちで開催するなら協賛するよ」っていうお話をいただいて、それが一つのきっかけになりました。商業施設を中心に全国の子どもたちに広げていこうってことになりました。

キッズフリマの流れ

塚本 キッズフリマの仕組みとか、実際に一日どういうふうに運営されているのかを教えてもらえますか？

赤池 わかりました。キッズフリマはおもに商業施設で開催していることが多く、そこで一部（午前）・二部（午後）の二部制で展開しています。内容は一部も二部も変わりません。開催にあたっては、まず地域の周辺の小学校にキッズフリマ開催の告知をしまして、そこで出店者と参加者を募ります。開催場所の大きさにもよりますが、応募が多い場合は抽選になることもあります。当日は親御さんとお子さんで会場に来ていただき、ブースに売る物を並べて、準備してきたポップやポスターなどをディスプレイします。ここまでは親御さんがお手伝いで一緒に入れます。準備が終わったら親御さんには退場していただいて、あとは子どもだけの空間になります。いよいよキッズフリマが始まるわけですが、最初にMCが登場して「フリマと経済」についてのレクチャーをします。フリマを通じてどういうような経済活動に結びついているのか、お金の価値だったり物の価値だったりっていうのはこうだよねっていうところを15分程度説明して、そこから実際の売買がスタートします。キッズフリマで物を売り買いするのは1時間ほどなのですが、単なるお店やさんごっこで終わらせないために、子どもたちには収支計算シートというものを配布しています。そこには売れた物と売上を書いてもらい、一日いくら売れたかっていう計算ができるようになっています。ほかに、かかった経費も忘れず書いてもらいます。たとえば、会場に来るための交通費やお店を出すために払った出店料などを経費として扱います。そうすることで、「一日かけて3000円売れたけど経費が500円かかったから利益は2500円」という具合に、売上イコール利益ではないということを子どもたちに説明します。

塚本 出店料はいくらですか？

赤池 300円です。300円いただくんですけど、300円分のノベルティを参加賞としてお渡しするので、その300円っていうのは子どもたちに経費についての考え方を理解してもらうためにいただいているっていう感じです。

塚本 参加者についてはどうですか？

赤池 参加される方はすべて無料でご入場いただけます。会場内で物を買うためのお金は親御さんとお子さんで相談して渡してもらっています。小さい財布にいくらか入れて、そこから自分でお金を出し入れすることを経験してほしいと思っています。

塚本 参加者の場合だと、別に小学生じゃなくても、未就学児でも大丈夫なんですよね。

赤池 そうですね。「一人で買い物ができるよ」って、親御さんからわれわれスタッフにお声かけいただければ未就学児でも大丈夫です。一人で買い物ができるっていう条件を満たせれば、何歳からでも入れます。

塚本 MCというのはキッズフリマをはじめた当初から入っているんですか？

赤池 いや、入っていないです。2020年になってからですね。売上管理シートを使ったり利益の出し方を教えたりはしていたんですけど。

子どもたちになにをどうやって伝えるのがいいのか、伝える内容も方法もスポンサーを含め色々な方に知見を聞きながら常にブラッシュアップしていて、MCが入るようになったのもその一環です。僕らがやっていることが完成形だとはまだ全然思っていないです。年ごとの更新はもちろん、できれば月ごとに教材だったり、教える内容だったりを変えて全国に展開したいっていう思いがありますね。

塚本　売買をするのが1時間ほどとのことでしたが、当初から同じですか？

赤池　これも試行錯誤しまして、子どもがおとなしくがまんできる限界がどれぐらいか、2時間やってみたらダレちゃったなとか、1時間半だとまだギリギリ大丈夫かなとか、そういう感じで調整していったら1時間が限界だったんです。

塚本　なるほど。買い手は自分のお金を使い終わっちゃったら外に出て、次の人と入れ替わるだけだからまだいいかもしれないけど、お店を出している子どもたちはお店にずっといなくちゃいけないから時間が長くなると結構つらいかもしれないですね。

赤池　そうなんですよね。さらに言うと、お店を出している子だって、自分でも買い物したいじゃないですか。その辺も勘案してみて時間を決めました。

塚本　1時間という制限時間があるのもいいですね。終わりの時間が近づき「残り20分です」みたいな話になれば、タイムセールで値段を下げるとか、色々な工夫が生まれる余地がありますよね。これがまるまる一日っていうことだと、本当にギリギリにならない限りはなにも起きないような気がします。

赤池　ちょっとビジネス的なことで言うと、やっぱり商業施設さんから協賛をいただいているので、集客だけじゃなくてある程度館内を回ってもらうようにもしたいんです。なので、ランチ時にはやらずにフードコートに行ってもらうとか、親が介入できないようになっているので、その時間はカフェで休んでいてもらうとか、狙いを持ってスケジュールを組んでいるところもあります。

子ども見守りライン

塚本 キッズフリマをやっていくうちに、うまくいったこととうまくいかなかったことがあると思うんですけど、最初につまずいたことってどういうことなんですか？

赤池 親の介入を制限するということですね。これがすごく大変でした。キッズフリマは子どもだけのフリーマーケットですが、親は周りから様子を見ることができます。僕にも子どもがいるのでわかるんですけど、親って自分の子どもに嫌な思いをさせたくないじゃないですか？ だから、つい「あれ買ってきなさい」とか「そんなもの買っちゃダメ」とか「そんな安く売っちゃって」って具合に口を挟んでしまいがちなんです。当初はそういう親の「介入」がすごく激しくて、どうやったら子どもたちが自分で物やお金の価値を考えられるようにできるかと頭を悩ませました。ポップを貼って注意喚起したりスタッフが回って指導したりもしてみましたがあまり効果はなく、結局「子ども見守りライン」というのを設けることにしました。移動式遊園地をイメージしたようなエアー什器がありまして、それで会場を区切り、区切られた内側は子どもだけの世界、外側は一般の世界というふうに分けたんです。「見守りライン」の中は「別世界ですよ」って意識させるような仕掛けづくりをしています。

塚本 「見守りライン」みたいな形になっていると、親御さんも「口を出しちゃいけないんだな」っていうふうに思っていただけるものですかね。

赤池 そうですね。「子どもをあたたかく見守ってあげましょう」っていう言い方の変化だけに見えるかもしれませんが、自分が声をかけることによって子どもの成長が止まってしまうんだなって、ご理解いただけたと思います。

塚本　でも、まあそうですよね。普通は「それはむだづかいなんじゃないの?」とか「もっといい物を買いなさいよ」とか、そういうことを言っちゃいがちですよね。

赤池　はい。そうするとやっぱり子どもはどうしても親の顔色をうかがって「これ、どうしたらいいの?」って感じになり、自分で考えなくなっちゃうんですよ。それでは僕らがキッズフリマを通じて進めたい「体験を通じてお金や物の価値を学んでもらう」という金融教育が進まなくなってしまいます。だから、子どもが集中できる空間をつくるということには特にこだわりました。

キッズフリマで学べること

塚本　キッズフリマで子どもたちが学べることについてお聞きしたいです。物を出す出店者の方、それを買う参加者の方がいて、両方とも子どもだと思うんですけど、その出店者と参加者ってどういうことが学べるんですか?

赤池　お店やさんごっこではないですけど、出店される方はまさにお店を出すことを体験します。これは開催日の前からはじまっていまして、「こういう物は売れるかな」とか「これはいくらで売れるかな」とか親子でコミュニケーションを取りながら学びがスタートします。当然、当日は物の売り買いをするという体験があります。無事に売り買いを終えると、「いくら売れた」「いくら儲かった」「次回はこうしよう」っていう振り返りがあります。前日から開催が終わったあとのお家での親子のコミュニケーションまでが一つの商売体験になるのかなと思っています。

塚本　なるほど。フリーマーケットって普通は売りに出した物が高く売れ、かつ全部売り切れたら大成功みたいに感じるのですが、キッズフリマの場合は必ずしも売上をあげることが目的ではなく、そこはうまくいかなくてもいいってことですよね。

赤池　そうです。売上よりも体験を通じてなにを学べるかっていう方が大事だと思っています。

塚本　リユースっていう視点で言うと、自分の家にあるもう遊ばなくなっちゃったおもちゃが、他の子の手に渡ると、ちゃんとまた価値を持つようになる。これってすごく大きな学びです。

赤池　使わなくなったおもちゃって、いままではしまっておくか捨てるかぐらいしかなかったと思うのですが、ここに「フリマで売る」という選択肢もあるんだなということを知ってもらうのって大事だなと感じます。

塚本　最後は「捨てる」しかないのだったら、ボロボロになったらそのままで捨てちゃえばいいんですけど、「またさらに売る」ということになると、大事に使わなきゃいけないっていう意識が高まるかもしれませんね。

赤池　おっしゃるとおりです。最終的に売るということが選択肢にあれば、大事に使って、次へ少しでも高く売れるように、パーツをなくさないようにしようとか、箱は取っておこうとかって考えるようになるのかなと思いますね。

塚本　参加者の方はいかがですか？

赤池　参加される方はそれこそ「はじめてのおつかい」ではないんですけど、親御さんから決められた金額のお金をいただいて買い物を体験します。そのときには、買おうとしている物を自分は本当にほしいのか／ほしくないのか、子どもたちは考えることになります。

塚本　家に帰ってみたら「あれ?!　ちょっと高かったな」とか「あれ?!　あんまりいらなかったな」とか、色々な失敗に気づくことがあるかもしれないですね。

赤池 親御さんとお話をさせていただくと「うちの子、家にあるのと同じ物を買ってきているんですよ」ってことを耳にすることもあります。でも、子どもにも聞いてみるとその子なりに理由があって同じ物を買っていることもあるんですよね。自分の子どもってこういう考え方をしているんだということを親が学ぶいい機会になっている側面があると思います。

塚本 キッズフリマで子どもを買い物に送り出す親が考えておくといいことってありますか？

赤池 そうですね。「これで買ってきなさい」って子どもに100円を渡したとして、「一周まわってきたけど100円じゃ買えないよ」って子どもに言われたときにどうするかです。「じゃあ、200円」って追加でお金を渡すのか、「予算は100円しかないのだから、自分で考えてその中で買ってきなさいよ」って言うのか。これは親御さんによってだいぶ違います。個人的には100円の中で子どもにやりくりさせる方が学びは深いのかなと思います。

塚本 なるほど。確かに、無尽蔵にお金をあげちゃうと、ほしい物をいっぱい買えるってだけの場になっちゃうので、やりくりを学ぶということはないですよね。あと、お金が足りなくて買えない体験っていうのも結構重要な気もします。

赤池 大事ですね。僕らが「お金はいくら渡してください」とか「いくら以上渡さないでください」って言うのはなかなかできないので、親がどういう学びを子どもにしてほしいかを少し意識して送り出していただけるとうれしいです。

お金に対してポジティブになってもらいたい

塚本 キッズフリマは誰でも参加できるものなんですか？

赤池 キッズフリマに関しては、参加できるのは小学校6年生までのお子さんで、お店を出すことができるのは小学校3年生から6年生という制限があります。

塚本 特に、こういうスキルがないと出店できないとかはないんですよね？

赤池 全然ないです。同世代の子が集まって売り買いしているので、ざっくばらんに「これ、どう使うの？」とか「これ、おもしろいの？」みたいな感じでやっています。これが大人の中に混じって物を売ってきなさいって話だったら、どう説明したらいいのかなとかうまくいくのかなって心配するんでしょうけど、同世代の子が相手だから学校の延長のようにできて、いい具合に参加するハードルを下げていると思います。

塚本 繰り返し参加される子も多いと思いますが、どんなところが変わってくると思いますか？

赤池 売上もそうなんですけど、商品の並べ方も含めて「見せ方」だったり、価格の付け方だったりは、学んで変わっていっているように感じますね。

塚本 いかにプレゼンをうまくするかとか、説明をうまくするかとか、そういうところにもつながってくるように思います。

赤池 そうですね。でもまあ、そこまでむずかしい話でもありません。子どもたちは楽しんで一日を過ごしているだけです。買い物にしても出店にしてもそうなんですけど、親御さんに言っているのはとにかく子どもたちを褒めてあげてくださいということです。たとえ家でいらないなと思えるような物を買ってきてしまっても「すごいね、よく一人で買えたね」って言ってあげてほしいんです。そうすればそれがその子にとって買い物の成功体験になるじゃないですか。そうやって成功体験が積み重ねられると、子どもはお金に対してポジティブに捉えられるようになります。反対に「なんでこんな物を買ったの！」って責めてしまうと、買い物やお金が怖くなってしまいます。それでは子どもの将来のためにはプラスにならない。お金に対してポジティブに捉えられるようになるために、ときには失敗があるかもしれませんけど成功体験を色々と積ませてあげてほしいなと思います。

塚本　家庭でも学校でも「お金の使い方」を教えられることってあんまりないですよね。たとえば、お金を使って物を買うとして、それを買うことによってハッピーになれるかどうかは一人ひとり違います。「買ってよかったな」という人がいれば「これ、あんまりいらなかったな」という人もいて、価値観って全然違うじゃないですか？　物を買うことの価値を最終的に自分がどう判断するのかというのは、多分、頭の中で考えていてもよくわからなくて、実際に街に出て買い物をしてみないと実感として身につかないんじゃないかという気がします。学校だとなかなか使い方っていうのは教えられない。せいぜい教科書に「かしこく使いましょう」って書いてある程度だと思うんです。キッズフリマだと「なんで自分はそれがほしいのか」とか、「本当にその値段でいいのか」みたいなことを考えて、売り買いしてみることができる。やってみて、結果的にまちがうとか失敗するっていう経験もあるんでしょうけど、繰り返していけばお金の使い方が賢くなるような気がしますね。

赤池　ああ、そうですね。僕も含めて、特に親御さんもそうだと思うんですけど、いままでお金の失敗をしたことない人はいないと思うんですよ。それで、大人になってからの失敗って、もしかしたら致命的になっちゃう可能性がある。でも、キッズフリマの中では金額もそうですし、成功しても失敗しても、そんなに大ごとにはならずに体験することができる。この点はすごく大事だなと思います。

塚本　キッズフリマみたいな商売の体験っていうのが金融教育につながるというふうに考える人はあんまり多くないと思うんですけど、その点はどうですか？

赤池　「キッズフリマ」イコール「金融教育」そのものっていうふうにはあんまり考えていなくて、その前段階を受け持っているのかなと感じています。キッズフリマでの商売の体験を通じてお金に対してポジティブな興味を持ってもらい、その状態のまま学校でお金についての授業などを受けてもらえたら知識の吸収もしやすいんじゃないかと思っているんです。

参加した子の親が感動するキッズフリマ

塚本　子どもたちの感想にはどういうものがありますか？

赤池　お店を出した子、買い物の子ともそれぞれ「楽しかった」とか「また来たい」って感想が多いのですが、親御さんが感動して帰るってケースも多いです。

塚本　感動？

赤池　そうなんです。「自分の子がこんなにできるとは思わなかった」とか、手取り足取りしてあげなきゃできないんじゃないかと思っていたら、子どもが自分から声を出してお客さんを呼び込んだり、どうしたら売れるかを自分で考えて値下げしたりと、一所懸命に商売をする姿が琴線に触れるようです。買い物についても、決められた予算の中でほしい物をちゃんと買えていたっていうことで感動されますね。

塚本　なるほど。「自分で考えてやってごらん」って子どもに全部まかせてなにかをやらせる機会が少ないからかもしれませんね。

キッズフリマ参加後にやっておきたいこと

塚本　キッズフリマを体験した親御さんや子どもたちが家でやった方がいいことってなにかありますか？

赤池　キッズフリマというのがどうしてもイベントごとになってしまうので、そこで学んだことをイベントの一日で終わらせないようにすることです。キッズフリマを通じて子どもたちはお金に対する興味や物のリユースに対しての興味を持ち始めたと思うんです。親御さんには家庭の中でもお金について、リユースについて、物の価値についていってっていうのをお話しいただければうれしいです。特にお金の話って子どもの前ではタブーみたいな雰囲気があるのですが、キッズフリマに参加した子どもってまさにそこに興味が出てきているものなので。親子で話をすることで、お金のことや物の価値を考えることが日常的にできるようになるといいなと思います。

大きくなったら起業にチャレンジしてもらいたい

塚本　キッズフリマは小学生を対象にやっていますけども、その子たちが大きくなって中学生とかになったら、こういうことをやったらいいとかありますか？

赤池　中学生でも高校生でもいいんですが、お金に興味を持って、やってみたいことを見つけたら、起業にチャレンジしてみてもらいたいです。これは自分の子どもにも言っています。

塚本　実際にビジネスをやってみるのって、ハードルが高そうでなかなかチャレンジしにくいようにも思います。

赤池　それこそ、会社をつくって、融資を受けてっていうと、そこはちょっとハードルが上がるかもしれないですけれども、やれる範囲の中でまずやってみるっていうのがいいのかなと思いますね。

塚本　そうですね。ほかにお子さんに対して教えていることってありますか？

赤池　自分の子どもに対しては、直接お金のことをというよりは、選択肢が色々あるということを示すようにしています。先ほどの、自分で起業するというのも選択肢ですし、どこかに勤めるというのも選択肢です。色々な選択肢がある中で、見聞きしてみて子ども自身はどう考えるのかというところはアドバイスしていますね。

塚本　たとえば、起業については学校とかで学べるんですかね？

赤池　いや、ほとんど学べないと思います。それはご家庭の方でも同様で、起業に対してのハードルが下がってきたとはいえ、感覚値で言うと8割・9割ぐらいの親御さんはまだ「いい大学に入って、いいところに勤めてほしい」っていう価値観をお持ちなんじゃないかなと思いますね。

塚本　子どもたちの自主性にまかせるというか、子どもが自分で考えて実際にアクションを取ることを後押ししてあげるというか、そこら辺は親のマインドセットが変わってこないといけないところなのかもしれないですね。親が考えている「いい大学に入って、いい会社に入る」っていうのが「いい」っていう価値観を押しつけちゃうと、子どもがその価値観にとらわれてしまうようにも感じます。

赤池　まさにそうですね。

まずやってみる

赤池　これは、あくまで僕の思いでもあるんですけど、子を持つ親として「子どもに失敗させたくない」って気持ちはすごくわかるんです。ただ、子どもが失敗してしまったときに寄り添って「次はこうしようか」って一緒に考えてあげるのも大事じゃないかなと思うんです。そこを単に「なんでそんなことしたの！」って言っただけで終わりにしてしまうと、子どもは「自分にはこういう可能性や選択肢はないんだな」って感じてしまうのではないですかね。僕がこういう経験をしてきたからかもしれないですが、基本的に「失敗ってあるよな」と思っているんです。僕自身は半分失敗、半分成功で歩んできたので、失敗を次の成功にどう生かすかっていうことを考えていました。

塚本　それこそ、赤池さんの場合だと、小学生の段階で日々の生活費を稼ぐために路上販売をしなきゃいけなかったわけだから、体験をするとかしないとかっていう選択肢自体がすでになくて、やらなかったらご飯が食べられないって状況ではじめられた。そういう意味だと、成功も失敗も考えずに、まずはやっていたっていうことなんですよね。

赤池　そうですね。まさに必死でした。だからこそ、色々な問屋の方とかにかわいがっていただけたのかと思います。「これ、絶対売れるよ」って言われたら、「やってみます！」って飛びついたし、「無事に売れました！」って報告に行ったら「じゃあ、次はこれをやってみろ」みたいな感じで。

塚本　赤池さんがされてきた商売の体験っていうのは、成功しそうだからやってみようっていうよりかは、まずやって、失敗したら改善するって、そういう形でどんどんチャレンジされていたと思うんです。そこのマインドセットが、テストでいい点を取ることで次のステージに進める進学というのとは結構違うのかなって気がしますね。

赤池　それはありますね。テストの点数がよかったときより売上が高かったときの方がうれしかったですしね。テストの点数がよくても先生に褒められるぐらいですけど、路上販売で「こういう物が売れました」って言ったら、もう色々な大人に「おまえすごいな」って言われて、それがうれしかったのを覚えています。

塚本　路上販売をしていくと、問屋の人たちが応援してくれるようになった。その応援というのは、必ずしもすごく成功しているから応援してくれるわけじゃなくて、まだそんなにうまくいってないかもしれないけど、一所懸命がんばっているから少しでもよくしてあげようみたいな形で後押ししてくれる人がいっぱいいたっていうことなんですかね？

赤池　そうですね。それはまさに、自分が小学生だったり中学生だったりしたっていうところのアドバンテージだったなと思いますね。「なんで路上で販売することになったんだ？」みたいなことを聞かれて、「こうなんですよ」って答えたら、「お兄ちゃん、がんばっているから応援してやるよ」みたいな感じで周りの大人がサポートしてくれましたね。

塚本　なるほど。どうやったら成功できるかっていうことばかりを考えないで、とりあえず自分がやりたいことをやってみて、そうすると色々な人が応援してくれるんだっていう経験を色々な形でできると、起業することにも展開がつながっていくのかもしれないですね。

赤池　それこそＩＴ企業さんとかだったら「こういうふうに成長しなくちゃいけない」みたいなことがあるのかもしれませんが、商売をするうえでは「こうしなくちゃいけない」とか「こうならなきゃいけない」っていうのはあんまりないのかなと思うんです。色々な商売がある中で、自分がどういうことをやりたいかっていうところに対して、まずはやってみるっていうのはすごく大事だと思いますね。

塚本 たとえば、ユニクロみたいに色々なところにお店を出して、世界中に展開してっていうビジネスモデルもあるかもしれないけど、原宿の一本入った道にある古着屋さんでものすごくこだわりのデニムを集めて売っていて、売上が毎年何倍も増えるっていうものではないかもしれないけど、常連のお客さんが来て商売が回っていくっていうような、そういうビジネスモデルもあると思うんです。

赤池 どちらも立派なビジネスですね。色々なやり方がある中で、自分でなにかをやるっていうことのハードルは自分が想像しているよりも実際には低いんじゃないかなと思います。

塚本 なるほど。とかく、いまのビジネスを学んでいるような学生さんからすると、目標設定を最初にして、そこに行くまでにはどうしたらいいのかみたいな感じが多いようですが、それよりかは赤池さんがいまおっしゃったことって、まず、いまやれることをやってみて、それで自分が満足できないんだったら、さらにステップアップするなり改善していく。いまをベースに考えるところがありますよね。

赤池 そうですね。起業に関してはその方が肩肘をそんなに張らずに商売に対して向かっていけるのかなと思います。

社会や地域課題に対しての10代の子の感覚は鋭い

塚本 そういう意味だと、キッズフリマはいい機会ですね。キッズフリマでは別に売上でナンバーワンになる必要がなく、売れる物や売り方を考えて実際に商品を並べてみて、それが売れましたとか、買ってくれた人たちが喜んでくれましたみたいな反応を見ることができ、もし2回目に参加する機会があったら、どうやったら改善できるのか、もっと喜んでもらうためにはなにをしたらいいのかみたいな感じでつなげていくことができる。多分、自分なりのやり方が見つけられるんじゃないかなって気がします。

赤池　確かに。喜んでもらうということで言うと、僕が子どもから起業についての相談を受けたときに言ったのは、周りを見て困っている人や困っていることを探してみなさいということです。それらを解決することができれば喜んでもらえるし、ビジネスにもなる。たとえば、商店街で商品が全然売れなくて困っているとか、農家で販路がなかなか広がらなくて困っているとか、ビジネスのチャンスはそういうところにあって、まさにそういう人たちと組んでやることが成功の一歩になるんじゃないかなと思います。

塚本　いまの子どもたちって、SDGsとかを学んでいて、社会の課題を見つけて、それに対してどうやったら解決できるのかっていうことを学校の授業でもやっているようです。親御さんが勤めている会社でSDGsに力を入れていたとしても、実際に会社がどんな取り組みをしているのかまでは知らない親御さんが大半です。世の中でSDGsの重要性が言われていても、そこまで実感は湧いていない。一方で、子どもたちは世の中にある社会課題を解決していかないといけないんだっていうような使命感に燃えている部分がある。そこら辺は意外と親御さんと子どもで認識のギャップがあるかもしれないですね。

赤池　確かにそうですね。社会課題や地域課題に対しての10代の子の感覚ってすごくとがっているなって印象を受けます。あと、自分だけが儲かればっていうよりは、周りと一緒にこれをやることによってこうなるよねっていうところを大事に思っている子が多いとも思います。

塚本　なるほど。物事を解決するためには自分で実際に手を動かすことやアクションを取ることが必要になります。そういうときに体験が重要になってくるということかと思います。動く体験、動くことを経験として持っているかどうかで、スタートも全然変わってくる部分がありますよね。

赤池　そうですね。こうも思います。ネットで検索するだけの情報と、自分で実際に動いてみて、人に話を聞いてみて、やってみて学ぶことって必ずしもイコールじゃなくて、自分で経験して学んだことの方がこういうことをしたいと自分が思うこととマッチしやすいように感じます。経験してみると、もっとこうしたいとかこれをやってみたいとか出てきやすいのではないかな。そこを軸にやっていった方が後々自分の思いがミスマッチにならなくなると思います。

子どもにとっての身近を学べるキッズフリマ

塚本　もう1回キッズフリマに戻ると、キッズフリマで色々な商売の体験をして、キッズフリマ自体は小学生までなので、中学生以降も、たとえば、メルカリを使って物の売買をするとか、そういうことをやる子は増えているんですかね？

赤池　その辺のところは僕も自分の子どももぐらいしかデータがないのでなんとも言えないんですけども、確かにメルカリは使っていますね。「稼ぐ」っていうことについて、いままでは労働に対しての対価って考え方が主流だったんでしょうけど、なにかちょっと変わってきているように感じます。たとえば、おじいちゃんから「メルカリでこれを売ってみて」って言われて不要品を売っておこづかいをもらうとか、昔はなかったと思うんです。労働ではなく、彼／彼女なりのリテラシーや特技をうまく使って対価を得ている。起業っていうのもこの延長でいいと思うんですよね。

塚本　それは必ずしも販売だったり商売をやらなきゃいけないってわけでもないと。

赤池　はい。でも、僕は「これって売れそうだな」「こういうのがいま流行っているんだな」「こういうのはどこで仕入れるんだろう」とか、生活の中で商売のフィルターを通して物事を見てしまうのが癖として体に染みついちゃっていますね。それもどうなのかなと思うんですけど。

塚本　日々の暮らしでは、たとえば、食べる物とか、毎日なにかしら買わなくちゃいけないじゃないですか？　だから、商売っていうのは、ある種、あらゆる人にとって身近なんだと思うんですよ。身近すぎるがゆえに、あまり意識せずにやっている部分があると思うので、そこの感度が一段高まるとビジネスにつながるような気がしますね。おそらく、子どもたちがキッズフリマを体験して学べるのは、やっぱり自分たちの身近なことだからだと思うんですよね。キッズフリマでおもちゃを売り買いするとき、そのおもちゃにはこのぐらいの価値があるということを考えられるから売り買いができる。これが子どもたちにとって身近でなくて興味もないような車とか美術品を売り買いしてみてと言ってもそれはできない。お金のことって、やっぱり身近なことじゃないと、なかなか学んでみようって自分では思わないっていうところがあると思うんです。

赤池　確かに。子どもの顔を見ると、買うときにしろ売るときにしろ、目がキラキラ輝いて楽しそうですよね。楽しいってところから興味を持つようになって、学んでいくって流れができればなと思います。

キッズフリマと学校教育

塚本　キッズフリマみたいなものを学校教育とかで生かせる要素ってあるんですかね？

赤池　僕らは学校教育の中にキッズフリマをどうやって浸透させていけるかなっていうのは考えています。ただ、前例がないっていう部分とイベントの性質上、現金を子どもたちに使わせて売り買いをすることによってお金の価値を学んでもらうという部分があるので、そこら辺のハードルはあると感じています。より多くの子どもたちにこのキッズフリマを通じて商売や金融教育を体験してほしいので、学校との連携は進めていきたいという思いはあります。

体験型のテーマパークやイベントって、首都圏に集中しているように思うんです。地方の子どもが将来お金と関わらないかと言ったら、絶対そんなことはなくて、地方だろうが都市部だろうが子どもは必ずお金とは接しなくてはならないわけです。住んでいる地域だったり家庭の経済状況から生じる格差だったりによって学びの機会が狭まることに僕らは問題意識を持っています。学校と連携することでそれらを少しでも解消できればと思っています。

塚本 人数は少ないかもしれないけど、山奥に行っても小学校はあります。子どもたちが集まっている場っていうのはある。そこでは国語とか算数とかの授業はあるけれども、お金をやりとりするっていう場は意外とないかもしれないですね。そんなところにキッズフリマで商売の体験ができると意味があるかもしれないです。

赤池 地方では後継者不足が深刻で社会問題にもなっているので、商売体験を通じて、地元のビジネス、地元の商売に目を向けるきっかけになればいいなとも思います。

フリマに参加する子どもと大人の体験の違い

塚本 キッズフリマは小学生が対象ですけど、大人がフリーマーケットをやって学べることってありますかね？子どもが学ぶのと同じようなことが学べるのでしょうか？

赤池　子どもの場合はシンプルなんですけど、大人は色々な動機があってフリーマーケットに参加されています。たとえば、売上をあげたいとか、色々な人たちと交流するためだとか、仲間とやることで絆を深めたいとか、あるいは家の中をきれいにしたかったからという人もいるかもしれない。なので、一概にどういう学びがあるのかというのはむずかしいです。

塚本　大人になっちゃうと色々な価値観や目標が出てきちゃうから、子どものようにピュアな体験はできないのかもしれないですね。買う方もいかに安く買うかを追求して、ほかのところではいくらで売っていたとか調べながら買ったりするし、まとめて買うからって値切ったりもしますよね。そういう意味だと、子どものうちに体験できる方がいいですね。

いまの子はお金に対しての意識が弱くなっている

塚本　はじめたころにキッズフリマに来ていたお子さんといまのお子さんで、違いを感じることはありますか？

赤池　基本的には変わらないと思います。ただ、いまの子の方がお金に対しての意識っていうのがすごく弱くなっているなっていう感じはしますね。はじめたころの方が、もう少し自分で物を買ったり売ったりするような経験がある子がいたように思います。いまの子は自分で買い物をする経験がだいぶなくなっているんじゃないかな。極端な話、おつりの概念がなかったり、どれが何円のお金なのかもわからないみたいな子が増えていますね。特に親がキャッシュレスで物を買い始めているので、余計に現金を家で見る機会が減ってきていますよね。

塚本　親と一緒にスーパーマーケットに行っても、現金でやりとりしているのを見なくなっている気がするんですよね。

赤池 見なくなっていると思います。

塚本 そうすると、お金を払わないで「もらっているのかな」っていう感覚に子どもはなるみたいです。

赤池 やっぱりそうですか。

塚本 だから、「おつりっていくらなの?」って言われても、「おつりってなに? だって、ペイペイで買っているでしょ。お金のやりとりをしていないでしょ」みたいな話になっちゃうようですね。

赤池 キッズフリマでもお店を出している年上のお姉ちゃんたちが買い物に来た小学校低学年の子に説明している様子を見ますよね。「これは100円玉で、これが30円だからおつりは70円ね」って。小学校低学年の子はお姉ちゃんたちとのコミュニケーションの中で学んでいっているように感じます。本来だったら、そこら辺は親がやらなきゃいけない部分ではあるんですけどね。

塚本 銀行口座を持つ子どもの数も減っているみたいですよ。親が子どもにお金のやりとりをあまりさせなくなっているっていうことの現れかもしれないですね。もちろん社会人になれば自分で口座を持たないとお給料をもらえないんで、口座をつくっているわけですけれど、昔だったら、小学生になるぐらいのタイミングでお年玉を郵便局に預けるとかあったじゃないですか? 最近、あんまりそういうのがないみたいで。

赤池 それは子どもたちが持ちたがらないのか、それとも金融機関が積極的につくらせないのか、どっちなんでしょうね。

塚本 両方あるかもしれないですね。昔に比べると口座開設ってプロセスがすごく複雑になっているので。去年だったかな、子どもと一緒に郵便局に口座をつくりに行ったら「最寄りの郵便局じゃないと口座をつくれません」って言われたんです。さらにマイナンバーカードとかの身分証明書を持って行かないとつくれない。昔だったら、おじいちゃん・おばあちゃんが孫の口座をつくったりしていたじゃないですか？　もうそれはできなくなった。そういう意味では、口座自体をつくりにくくなっているっていうのがあるのかもしれないです。あと、小さいうちは親がお年玉を管理すればいいやっていう感覚なのかもしれないですね。

赤池　なるほど。そうすると、よりお金に対しての距離が遠くなっちゃいますよね。

塚本　そうですね。もちろん、キッズフリマを通じての販売体験なりでお金のやりとりをするっていう経験も大事ですけど、やっぱり、それをベースに実生活でもお金のやりくりを自分でさせないとって思うんですよね。年に何回かキッズフリマに行きましたっていうだけの体験だと、なかなか足りないかなって気がします。たとえば、子どもに３００円渡して「これでおやつを買ってきなさい」とか、それで子どもはお店でやりくりして物を買ってくるとか、そういう経験をさせないといけないかもしれないように思うんです。

赤池　おこづかい制の家も減ってきているって聞いたことがあるんですけど、どうされているんですかね？

塚本　「必要な物があったら言って」というやつですね。それで親が子どもの代わりに買ってきちゃうそうです。

赤池　ますます物の価値とかがわからなくなっちゃいますよね。

塚本　それとイコールではないんですけど、たとえば、うちの子どもの場合は、学校で使う鉛筆とかノートがあるじゃないですか？　それらは学校で買うんですけど、支払いが基本的に交通系ＩＣカードのスイカなんですね。そうすると、やっぱりおつりっていう概念が発生しないんです。親としてはそのスイカにチャージしておけば買って来られるので、便利は便利なんですけど。昔だったら、たとえば、そこで５００円渡して、鉛筆とノートを買って３００円でした、２００円のおつりが来ました。おつりはちゃんと親に返しなさいよっていう話になったと思うんです。でもいまはスイカで物が買えましたっていうので話が終わっちゃう。

赤池　確かにそうですよね。この先どうなるんですかね。怖くなりますよね、なんか。お金の感覚がない子って、どうなるのかな。

塚本　キャッシュレスでも履歴はちゃんと残るしお金は減るので、そういうのをアプリで見せるとか、管理をするとか、そういう要素は必要かもしれないですね。

赤池　なるほど。どんどん便利になる反面、金融教育も少し進化していかないといけませんね。

塚本　現金をやりとりする機会は減っているかもしれないけど、さまざまな形で体験ができたり、それと同じようなことができたりしないと、体験そのものがどんどん減っちゃうかもしれないですね。

親御さんへのメッセージ

赤池　われわれはキッズフリマという体験型の金融教育をやらせていただいているんですけど、その中でお話ししているのは、失敗することも成功することも金融教育では大切なことだということです。お子さんには積極的にお金についてのお話をしていただいて、経験したことを褒めてもらいたい。参加者は無料なので、気軽にうちのキッズフリマに来てもらいたいです。多くの子どもたちに参加していただき、これからの開催を全国に広げていきたいというのがわれわれの思いです。

（取材日：2022年12月2日）

赤池慶彦（あかいけよしひこ）

ＮＰＯ法人キッズフリマ代表理事。１９７２年生まれ。東京都出身。父親の会社の倒産を受け、小学６年生から路上販売を行う。大学卒業後、父と弟とともに、「東京リサイクル運動市民の会」を立ち上げる。２００９年に株式会社東京リサイクルの代表取締役社長に就任。会員数15万人のフリーマーケットを中心に年間８００本以上のイベントの企画・運営を行う。２０２２年、キッズフリマ普及に専念するために代表を退き、ＮＰＯ法人キッズフリマ代表理事に就任。

取材協力●ＮＰＯ法人キッズフリマ、株式会社HONEYTHING：清野圭亮、八芳園KOUTEN

キャサリンとナンシー

金融教育実務家

お金の裏側にある「ありがとう」を
子どもに伝えたい

株式の仕組みは世の中の仕組み。それを伝えたい

西岡 私たちは「キャサリンとナンシーの金融教育」という名前で活動をしているファイナンシャル・プランナーです。「ファイナンシャル・プランナーはお金のお医者さん」と言われることから、キャサリンはブルー、ナンシーはピンクの白衣を着てお仕事をしています。

竹内 私はキャサリンとして活動しています。みなさんとなかよくなるために鼻眼鏡とお気に入りのカチューシャをして授業をしています。

塚本 そもそも、金融教育をやっていこうと思われた背景ってなんですか？

竹内 私はもともと証券会社に入っていて、そこで株式の仕組みに出合うんです。いますぐ使わないお金を社会に使ってもらって、それが大きくなり自分の元に戻ってくるという、その仕組みを知ったときにすごく衝撃を受けて、稲妻が落ちたように感じたほどでした。たまたま証券会社に入ったから私はそれを知ることができましたけど、独り占めするんじゃなくて、ほかの人にも伝えたいと思ったんです。

塚本 やっぱりそれを子どもに伝えたいっていうふうに思ったってことですかね。

竹内 いや、それがですね、もともとは大人に伝えたいというか、まずは大人に伝えてみたんです。証券会社に入っていましたし。そしたら、その扉がまあ重かった。自分もそうですけど、できあがった信念を変えるのってもう大変です。「投資がむずかしい」とか「投資は危ない」と思っている人たちに「簡単ですよ」「株式の仕組みってこんなに楽しいんですよ」って言うよりかは、まだまっさらな土壌の人たちに伝える方がいいんじゃないかと思いました。それで、上（大人）からじゃなく下（子ども）からいこうと考えました。

塚本　なるほど。ナンシーさんはどうですか。

西岡　私は学校の先生になりたかったんですが、ご縁がなくて証券会社に入ることになりました。証券会社に入ってみたら、教育とは真逆の世界がそこにはあった。でも、そこで株式の仕組みとか債券の仕組み、金融商品の仕組みを知ったときに、「あっ、これって、世の中の仕組みそのものなんちゃうか?」って思ったんです。けれど、世の中の人は、ほとんどがそれを知らずに過ごしている。もしも私が優秀で、ストレートに学校の先生になっていたら、おそらく一生知ることのない側の人間で生きていたと思う。むしろ生徒や児童には「やめときなはれ」って言ってた側の先生やったと思います。「これは違う。伝えなくちゃいけない大事な仕組みだ」って思ったのがはじまりです。先生になりたかったから、もう必然的に伝えたい相手は子どもになっていましたね。

貯金箱から学べる4つのお金の使い方

塚本　学校の教育も社会の仕組みも、働くことはあたりまえだけど投資はそれとは違うっていうふうに捉えられているような気がしますよね。

西岡　そうそう。ピギーちゃんという貯金箱[注]を使ってよく話をするんですけど、家計管理と投資があるとして、家計管理がピギーちゃんのお金を入れる口の「貯める」「使う」ですと。その先に「譲る(寄付)」「増やす(投資)」というのが発生するはずなのに、多くの人たちは「貯める」「使う」だけで投資の部分を分断して生活している。これがやっぱり私には「いや、そうじゃない」って思うんです。たとえば、株式会社という仕組みの中でお勧めされている方が多いのに、投資については目を向けないっていうのはやっぱりちょっと違う気がします。

塚本　「株式会社で働いている」っていうのは、株主からお金をもらって設備を調えて、その調えた場で働いているわけですよね。だから、投資と働くことってすごく密接にリンクしていると思うんですけど、意外とそういうふうには思われていないってことがあるかもしれないですね。

竹内　投資は特別な人がするものみたいな感じの認識がまだ強いですよね。

西岡　本当そうね。

塚本　「ピギーちゃん」の説明をしてほしいんですけど、どういうものなのでしょうか?

西岡　ピギーちゃんっていうアメリカ生まれのぶたの貯金箱があります（扉の写真参照）。この貯金箱には4つのお金の投入口があって、私たちに4つの上手なお金の使い方を教えてくれているんです。その4つとは「貯める（save）」「使う（spend）」「譲る（donate）」「増やす（invest）」です。私たちはこの貯金箱を使ってピギーちゃんの頭からお尻に向かって、つまり「貯める、使う、譲る、増やす」の順番で、お金の使い方の練習をすることができたら、人生豊かにお金を使うことができるようになりますよってお伝えしています。

竹内　お金の使い方では「増やす」だけが特別に扱われがちです。そうではなくて、貯める、使う、譲るの地続きで増やすがある。増やすだけが離れているものじゃないっていうことが、ピギーちゃんを見て、メッセージとして伝わればいいなと思っています。

塚本　そもそもお金は貯めないと使えないですよね。譲るも増やすもそのあとのことだと思います。

竹内　最近は「貯める」の前に「働く」もあるよねっていうことをお話ししています。

塚本　家庭でこういう話ができると、単純に貯金箱にお金を貯めていくだけではなくて、それをどうやって使うのかとか、寄付や投資みたいなものにも使うべきなのかみたいなことも一緒に考えられるからいいかもしれないですね。

西岡 そうなんです。この貯金箱は本当によくできていると思います。「増やす」について話をすると、中学校の男の子とかは「すぐ投資したいです!!」っていうことになりがちなんです。

塚本 「お金が増える」っていうところに着目されてしまうからだと思うんですけど。

西岡 そうそう。この貯金箱は「いや、違うよ。『貯める』をまずやろうね」っていうことを伝えることができるので。そうすると、学校の先生も安心するんですよね。

「お金の授業をやりたい」って言った

塚本 キャサリンさんとナンシーさんはお二方とも証券会社で働いていたというのは、職場で出会ったということなんですか？

西岡 そうじゃないです。お互いに専業主婦を経験しまして、子ども向けの金融教育を行う団体で認定講師の講習があったんですが、そのときに隣に座っていた人です。

竹内 そう。お昼ご飯に誘ってくれたんです。

塚本 それでその場で段々なかよくなって、今度は、じゃあ一緒にやりましょうかみたいな話になったってことですか？

竹内 本当そうです。おっしゃるとおり。

西岡 ある日ですね、「奈美ちゃん」って電話がかかってきたんです。

竹内　そのときはまだ「ナンシー」じゃなくて奈美ちゃんやったな。

西岡　そう、名前がまだナンシーになってない。「奈美ちゃん、私、学校の個人懇談で担任の先生にお金の授業をやりたいって言った」って話されて。びっくりしました。「えぇっ!?」ってなった。自分の子どもの懇談に行っているのに、「授業をやりたい」って担任の先生に売り込むのって、私の中の発想にはない。恐る恐る「学校の先生はなんて言ってくれた?」って聞いたら、「授業やっても良いことになった」って。「だから一緒にやろう」って誘ってくれたんです。

竹内　ナンシーは学校の先生になりたいって言ってたし、誘っても多分嫌な顔をせえへんなって思ったんです。

塚本　それで、具体的にどういう内容を教えようかみたいな話をして、授業のスライドみたいなものをつくったりしたんですか?

西岡　あのときは10年前やから、授業でプロジェクターも用意されていなくて、スライドもなかったら黒板使ってやってたと思う。

塚本　どういう内容を教えたんですか?

西岡　二人が出会った金融教育の団体の教材を使って、お買い物ごっこみたいな。

竹内　そう!

西岡　最初したよね。

竹内　先生も、それこそ授業で「働く」ことについてやりたいって言って、それに合わせてみたいな感じでやった記憶があるけど、合ってるかな?

西岡　そうそう。学校の授業には学習指導案っていうのが必要なんですけど、私はそもそも教員免許があったから、「学校の先生の指導案っていうのはこういうふうにつくるんだよ」みたいな話をして、「こう出したらおそらく学校の先生は受け入れてくれるよ」みたいな感じで、二人の知識を合わせてつくって持って行ったのがはじまり。

竹内　そうだったね。

塚本　なるほど。そこから他の小学校とかにも教えるようになっていったんですか?

竹内　そうなんです。先生が先生を紹介してくださるっていう感じで。

塚本　口コミで?

竹内　はい。「この前の授業はよかったので、ほかの小学校でも広めたい」って言ってくださって。もう、今でも応援団だよね。

西岡　うん、そうそう。

竹内　その先生が中心になって校長先生につなげてくださったり、教員の方が集まる研究会に一緒に行こうと誘ってくださったりで、広めていただきました。

塚本　なるほど。いまは小学校1年生から6年生まで教えられているようですけど、それぞれの学年でこういう内容を教えますみたいなことは決まっているんですか?

竹内　そうですね。最初はうちの子がいる2年生だけやったんですね。「あの授業がよかったので、来年は2～4年でお願いできますか」って言ってくださったんですけど、もういっぱいいっぱいですよね、ネタがそんなにないから。ナンシーと必死に考えて、3学年分の授業をしたら、その翌年は「全学年でお願いできますか」ってことになったんですよ。だから、もう考えざるをえなくなって内容ができていった感じですね。2

年生がこの内容やったからほかの学年は…っていう感じ。そんなふうにして最初は2年生からはじまりましたけど、いまは1年生から6年生まで授業をさせていただいています。今年もご依頼いただいたので、もう10年連続になりますね。

西岡 塚本さんだったらご存知だと思うんですけど、「知るぽると」が作成している金融リテラシーマップってあるじゃないですか。そういう資料をひたすら取り寄せて、学校が使っている学習指導要領と照らし合わせて、どんなことを授業にしたら受け入れてもらえるやろってすごく考えてましたね。

竹内 先生自身にも児童に伝えてほしいことがあるので、その想いを盛り込んで授業を提案するっていう感じです。たとえば、落とし物をよくしているのに子どもが全然気にしていないとか、電気つけっぱなしとか、最近だとゲーム課金とか。そういう現場でのお悩みごとや困りごとを入れるようにしています。

国語、算数、理科、社会、お金

塚本 キャサリンさんが言っているような意味だと、いまは金融教育が色々と拡充されていると言われますけど、わざわざ金融教育と強調しなくても、たとえば、小学校では、おつりの計算をどうするとか、お金の歴史はどうとか、金融教育の中の要素は結構教えられていますよね。

西岡 そうなんです。意外と入っているんです。私は兵庫県伊丹市で教育委員という仕事もしていて、「金融教育ってどうやってするんですか?」ってよく聞かれるんですけど、「視点をちょっと変えて見れば、いろんな科目のカリキュラムの中にもう入っているよ。気づいていないだけよ」って答えていますね。いまおっしゃったようなおつりの計算とか物の値段のこととか、仕事や働くことについても学校の教科書の中ですでに扱われているんですよね。

塚本 金融教育って言うと、特別なことをやらなきゃいけないように思うけど、それこそ、子どもたちは日々の生活の中の色々な場面でお金を使っているわけじゃないですか？ お金と接するそういうところから入っていくのが大事ですよね。

西岡 そう。いまそのお話をうかがって一つ思い出したことを話していいですか？ 10年前に金融教育をはじめたとき、『お金』っていう科目が小学校とか中学校でスタンダードに導入される日が来ると思ったんです。『国語、算数、理科、社会、お金』みたいに。そんな話を楽しく話していたときに、教育委員会のある人から言われたんです。「西岡さん、それはない。いまからはね、英語教育よ」って。即座に「そんなことあるかい！」と思ったんですよね。当時ちょうど翻訳機能のあるアプリとかが出始めたときだったから、英語はもしかしたら人生で使えなくても生きられるじゃないのって思った。でも、お金っていうのは使わざるをえないっていうか、絶対使うじゃないですか？ なのに、なんで科目として、『英語』はあっても『お金』は絶対ないって言い切られなあかんの?!」ってすごく腹が立って、キャサリンに話した。

竹内 言った、言った。

西岡 だから、『お金』が学校の科目になる日が来るまではやめない!! っていうのが、私の一つの原動力になっています。絶対そうしてやるっていう。

塚本 お金のことはすでにカリキュラムの中に入っているわけだから、絶対科目にはならないっていうよりかは、お金のことを体系立ててちゃんと教えるためには別にした方がいいですよぐらいの、そういうイメージなんですよね。

西岡　そうですね、本当。そうやって言えばよかったのかもしれない。

塚本　でも、一般の人って、あんまりそういう意識がないので、それこそ「お金のことは子どもたちには心配させたくないから、あんまり扱わないでくれ」とか、そういう方向性になりやすいのかもしれないですね。

竹内　本当、そうかもしれないですね。

お金のことを話されないまま大人になった

西岡　私なんかは、お金のことを話されないまま大人になったんですよ。大学生のときにバブルが崩壊して、親の会社のボーナスがなくなったときに「お姉ちゃん、大学やめる？」って言われたのが初めて家計の状態を知るきっかけやったんです。それまでは、頼んだらなんでも買ってもらえてたし、習い事もしたい放題で、お金っていくらでも出てくると思ってました。「なんでそんな危機的状況になる前に言ってくれなかったの？」って子どもながらに思ったんですよね。もっと早い段階で言ってくれたら私だって習い事を減らすとか選択肢がほかにあったよって。うちの親も心配させたくないからお金の話をしないっていうスタンスで来たと思うんだけど。

塚本　なるほど。

西岡　だから、私の子どもにはお金の話をするようにしていて、給与明細も見せています。

塚本　実際の給与明細を見せて説明するってことですか。

西岡　給与明細を見せて、これが厚生年金っていいます、健康保険っていうお金があります、こういうお金は納めるべきお金で、必ずかかるみたいなことを話して、結果、家にはこれぐらい残りますと。まさにいま、中

3で受験生なんですけど、私学に行くか公立に行くかっていうのは、これぐらいの金額の差があって、私学に行くぐらいのお金はもちろん置いてあるけれども、どうしますか？　って話しているので、本人もわかって認識したうえで選択をしていくと思います。

塚本　子どもをあんまり子ども扱いしないっていうことが大事なのかもしれないですね。

西岡　本当そう思います。

竹内　授業でもそこは意識しています

西岡　そうそう。ちょっとテクニックの話になるかもしれないけれど、相手が子どもだからといって「子どもに対してのかわいい言葉」を使うってことは絶対しないようにしていて、対等の「人対人」っていう形で会話するようにしています。

竹内　あと、多少むずかしい言葉があっても「簡単な言葉で言うとこういう言葉になります」って言い換えるんですよ。たとえば、「金融」だったら「お金を融通する」と言います。「融通する」っていうのは、「お金を必要な人のところに回していくことです」って具合に。

塚本　子ども扱いしてこれはむずかしいから教えないでおこうっていうふうに考えるよりかは、興味を持ったことであれば、多少むずかしい内容であったとしても、まず教えてみる。つっかかっちゃうところがあれば、そこをわかりやすく伝えてあげるっていうのがいいのかもしれないですね。

竹内　すごくそう思うんですけど、まずはやっぱり「この人の話を聞いてやろう」っていう雰囲気づくりですね。そもそも子どもって「同じ目線に立って話すよ」っていうスタンスじゃないと、話を聞いてくれないんですよね。上からだとダメだし子ども扱いしてもダメです。そこの雰囲気づくりがうまくいけば、「ちょっとむずかしい」って言われても大丈夫なんです。そのちょっとむずかしいことがわかるっていうのは、すごい喜びだと思うので。だからそうなるように、この人の話やったらむずかしいけど聞いてみよう。そして自分で調べて、わからなかったらまた聞いてみようっていうような関係をいかに短い時間でつくれるかっていうのを意識していますね。

塚本 なるほど。じゃあ、一方的に先生が教えてあげますっていうスタンスではないと。

竹内 そうですね。「教える」っていうのは違うよね。

西岡 「教える」っていうよりかは「一緒に考えましょう」っていうふうにしています。

塚本 そのテーマを紹介してあげるみたいな感じですね。

西岡 はい。

竹内 「一緒に学ぶ。伝える」っていう感じですかね。

西岡 教育って「教え育む」って書きますけど、教えるっていうよりかは、私たちの場合は「考える」っていうことにポイントを置くようにしています。

竹内 そして、小さくてもいいから行動に移してもらうようなアシストができるように。

塚本 ああ、聞いてそれでおしまいにしてしまうんじゃなくて。

竹内 はい。そうじゃなくて、ニュースを見るでも、お家の人に話すでも、ちっちゃいことでいいので、日常でなにか一つしてもらえるような声かけとか仕掛けをするようにしています。

小学校で教えているお金の話

塚本　なるほど。小学生に教えるとき、具体的にどういう内容を教えているかって、ちょっと聞きたいんですけど。たとえば、小学1年生だったら、どういう内容を教えているのですか？

竹内　お金はポジティブ、明るい、楽しい！　っていうイメージを持ってもらうために、「お金となかよくなろう」ってテーマでやっています。お金となかよくなろう。知ってるお金はなんですか？　とか、使ってますか？　とか。10種類のお金がありますけど、知っているのを教えてくださいっていうのからはじまります。

西岡　それでお金の歴史につないで、「世界のお金っていうのは日本と違うよね」ぐらいで終わる感じです。あと1年生の先生っていうのは、落とし物のことを悩まれている先生がすごく多いんですよ。取りに来てくれないそうです。

塚本　誰も取りに来ないといっぱいたまっちゃいますね。

西岡　そうそう。消しゴムを落としたら、落としたのはそのままに、新しい物を持ってきちゃうそうです。必然的に届けられた消しゴムが落とし物箱にたまっていくという。それを、物の気持ちっていうのかな、物を擬人化して、悲しいって言っているよね、みたいな。これも元々は誰がお金を払ってくれたのかなと、元をたどってみたらどこから来たのかなみたいな話をして、物の大切さを伝えるようにしています。

塚本　なるほど。2年生はどんな感じですか？

竹内　2年生は買い物ごっこです。実際にお金となかよくなったそのあとにお金を使ってどうなるのかなっていうことがテーマです。自分でお店を開いてみたり、いまはちょっとコロナでできないですけど、お金を使って、やりとりを体験するっていうことをしています。

西岡　2年生は「よりよい消費者として」みたいなところが強いと思います。もともとが2年生からはじまったこともあって授業数も多いので、「キャリアや夢はなんですか？」みたいなお金と働くを関連付けたことも話します。

竹内 将来どうやってお金を稼ぐのかっていうことを考えてみる。でも、それってナンセンスだって言う人もいるんですよね。たとえば「いまある職業から選んでも、なくなる職業がありますよね」って。ただ、自分がどういうお仕事をやりたいと思っているのかとか、逆に、やりたくないお仕事はなぜやりたくないのか？みたいなことを考えるきっかけになると思うんです。それってすごくいいことじゃないですか？　どうやって自分を「働く」につなげられるのかを考える最初の授業が2年生かなって感じています。

西岡 3年生は生活にかかるお金。4年生は銀行の仕組み。5年生はキャッシュレス。6年生は租税っていうのが必ず社会科で入ってきますから、税について扱っていますね。

いま、「ありがとう」と言ってほしい

竹内 あと、実際の経験っていうのがどんな教材にも勝てないぐらい強いと思っているんですよ。ナンシーとおばあちゃんの話がまさにそうで、先生からもリクエストが結構多いので、ナンシーに話してもらっています。

塚本 それはどんな話ですか？

西岡 私は祖母のお金を使い倒して大人になったんです。おこづかいをもらい、旅行のお金を出してもらい、パソコンを買ってもらい、結婚するときには「少ないけど」と言って30万円を包んでくれました。祖母はお金持ち。打ち出の小槌のようにも思っていました。そんな祖母が亡くなり、遺産を整理して初めて知ったことがありました。それは「祖母はまったくお金持ちではなかった」という事実です。家にほとんどお金はあり

ませんでした。私に渡してくれていたお金は祖母が苦労して工面してくれていたものだったんです。祖母にお金を使わせたことに対しては後悔していないのですが、「ありがとう」って言ったことがあんまりなかったんですよ。それは後悔しています。孫だからあたりまえって。

塚本 まあ、あたりまえのようにおこづかいやお年玉をもらっちゃいますよね。

西岡 そう。だから、「いま、「ありがとう」と言ってほしいんだ」って話をしますね。

塚本 ありがとうと思ってそれをちゃんと伝えるということと、そういうお金なんだと思って大事に使うということなんですね。

竹内 そうです。それは働くことを考えるのにもつながるように思います。お金って降ってくるわけでも、果物みたいに木になるわけでもないので。お金の裏にはやっぱり働くっていう行動があるはずなんです。

塚本 特にお金をもらうっていう立場にあると、誰かがそのために働いてくれているってことですよね。

西岡 そうそう。

竹内 その想像力がすごく大事だなって思います。

西岡 あんまり恩着せがましく言うと子どもって嫌がるから、そうならないように気をつけています。「あ、そうやな。「ありがとう」ぐらいは言ってみようかな」ぐらいに思ってくれたらいいなと思うんです。

竹内 「ありがとう」つながりだと、お金はほしい物とほしい物を交換する道具として生まれましたよね。だから、お金を使って交換する物っていうのは「ほしい物」なんですよ。なぜほしいのかというと、自分がつくれなかったり、自分ではできないからということが多いんじゃないですかね。「ありがとう、つくってくれて」とか「ほしい物をつくってくれて、ありがとう」っていう気持ち、お金を使ったときに私はその気持ちが湧いてくるよっていうことを伝えますよね。そういうことを聞いて、同じように思ってくれたらいいなって。

西岡 買い物のときにお店の人が「ありがとうございました」って言ったら、みなさんも「ありがとう」って言ってくださいねっていう話をしますね。そうすると先生も喜びます。

塚本 そうですね。彼らが教えている内容と同じになるから。

西岡 学校で教えるときって、学校の先生が教えたいことに寄り添いながら、自分の言いたいことを盛り込んでいくみたいな感じになりますね。

いまの金融教育の課題

塚本 別にお金のことだけじゃないかもしれないですけど、小学校のときに習ったことって、そのときに100%は理解できないし、体験もないからわからないかもしれないけど、大人になって働き始めたら「あっ、こういうことだったんだ」ってわかることがいっぱいあるように思います。

竹内 本当そうですね。パッと出てきますよね。

西岡 そう言ってくださってうれしいです。でも、学校の先生は意外とすぐの成果を求めてくることもありますね。

塚本 なるほど、そういうこともあるのか。

西岡 すごいあるよね?

竹内 ある、ある。たとえば、研究会に呼んでもらって話をしたら「いいと思います」と言われても、その後に続くんです。「ただ、これ、成果はどうなっているんですか。どんな成果があるんですか。ビフォーとアフターを教えてください」って。

塚本　なるほど。

竹内　それに答えるのが本当にむずかしくて。効果的な回答はまだできずにいます。それこそ、この授業を受けたからこれだけ幸せになりましたみたいなのが、データで見える化できたらなって、常々思うところではあります。

塚本　それを手っ取り早くやろうとすると、テストをやるみたいな話になっちゃうんですかね。点数が上がりましたねって。

竹内　そうなんです。

西岡　学校の先生はそういうことを求めていると思う。たとえば、よくあるグラフ化。五角形のグラフが小さかったのが、これを受けたことによって、この五角形が大きくなったでしょみたいなことを求めて来ているとは思うんですけど。

竹内　「かけっこ」だったら、それこそ、タイムが8秒から7秒に縮まりましたとか、わかりやすく「おおっ」ってなると思うんです。だけど、やっぱりそこがパチンとはまらないのが、いまの金融教育の課題だと感じていますね。受けることで、豊かな人生や自信を持って日々を過ごせる、そういう授業なんだよっていうことが「見える化」できたらいいなと思います。

塚本　そうですね。まあ、テストをやるっていうことではないんですけど、やっぱり、なんらかの形で効果測定をするべきだっていうのはあるかもしれませんね。投資の世界でも社会的インパクト投資というのがあって、リスクやリターンに加えて、事業や活動の結果として生じた社会的・環境的な変化や効果も評価するものがありますｍ。その評価の仕方、測定の仕方みたいなのを金融教育の中でも「こういう形で測定するといいですよ」というのを決められたら、みんなで共有して使ってもらうことができるんじゃないかなと思います。

竹内　同じものさしがあるといいですね。

塚本　それは多分、計算ができるようになりますとかではなくて、こういう考え方がわかるようになりましたというのを確認するんでしょうね。

竹内　それで思い出したのが、幸福学を研究する前野隆司先生が提唱されている幸せの4つの因子です。前野先生によると、人の幸せは「やってみよう！」因子、「ありがとう！」因子、「なんとかなる！」因子、「あなたらしく！」因子という4つの因子を求めることで形にすることができるそうです。この4つの因子のように数値化しにくいものを数値化できて、この因子が強ければこうみたいなものがわかる金融教育版の因子があるとすごくいい。

家庭での金融教育とは

塚本　そうですね。いまは学校で教える内容を聞いたんですけど、家庭ではなにをやったらいいですかね？

西岡　自分の家で子どもに？

塚本　お二人ともお子さんがいらっしゃるじゃないですか。それで金融教育的なことをやってきて、うまくいったこと、うまくいかなかったことってありますか？

西岡　うまくいかなかったことってあるのかな。

竹内　子どもたちがどういう人生を歩むかを見届けないと、それがうまくいっているかどうかはわからないと思っています。でも、私は自分が幸せであること、子どもに自分が幸せである姿を見せるということと、お金の話や社会のニュースについて話をするっていうことが、家での金融教育の基本じゃないかなと思います。

塚本　なるほど。それはたとえば、テレビのニュースを一緒に見てて、「これってこういうことなんじゃないの?」みたいなことで話している感じですか?

西岡　そうそう。それは本当によくしています。最近だったら円安のネタが多いですかね。物の値段がなぜ上がるのかっていうのを一緒に話しています。

竹内　うちの子は「これ、いくらで仕事してんのやろ」というのがすごく気になるみたいです。たとえば「野球選手はいくらもらってるんやろ」とか。こないだ、給食のおばさんが学校に来て給食の説明をしてくださったみたいなんですけど、「質問はありますか?」と聞かれて、給食のおばさんの給料を聞きたかったけど聞けなかったって残念そうに言っていました。給食の説明に来たので、お金のことは聞きにくかったのかもしれません。でも、どれくらいのお金をもらって働いているのかということについてはそれほど気になっている。こういう視点に興味を持つようになったのも、普段から子どもとお金についての話をしているからだと思うんです。どれくらい稼いでいるのかっていう話は、誰がどうやって給料を払っているのだろうということとつながります。市が払っているのか、会社が払っているのかなどと考えていくと、社会の仕組みの一端に触れることになる。それはとてもいいことだと思います。自分の意見も持ちますしね。

西岡　うちの最近の話だと、テレビが壊れて画面が映らなくなっちゃったんですよ。いま、ラジオ状態なんです。それでまず、新しくテレビを買うかどうかを家族会議で話し合いました。「スマホで動画もあるし、なくてもええんちゃう?」って意見も出ましたが、「やっぱりテレビはいるでしょう」ということになりました。テレビを新しく買うことは決まった。「じゃあ、いくらぐらいのテレビを買うの？」という話になり、いまはネットで価格が簡単に調べられるから、子どもを調べる係に任命して、調べてもらうことにしました。

塚本　なるほど。調査をさせるってことですね。

西岡　そうです。今週の金曜日からアマゾンのブラックフライデーのセールが始まるので、そこで買いますと。それに向けてだいたいの価格を調べてくださいと頼みました。それで、子どもが調べだしたところ「会社によって価格帯が違うのか…」とか言うわけです。

塚本　確かに解像度によって価格は違いますね。

西岡　そうそう。高ければいいわけでも、安ければいいわけでもなくて、どの程度だったら家族の願いを叶えて満足のいくものになるかというのを考えて、選択肢として3つぐらいあげてもらい、どれにするかは家族で決めましょうかということになりました。まあ、そういうのも金融教育になるのかなと思っています。

塚本　そうですよね。

竹内　あと、これはまだ使えるけれど自分はもう使わなくなったから、使ってくれる人いるかな？　みたいな感じで、フリマアプリを利用する姿を見せるっていうことも金融教育になっているのかなと思います。あと、小学校のときには、学期の終わりにランドセルをきちんと拭くように子どもに言っていました。やっぱり、物を大事にするということは基本だと思います。

西岡　ランドセルって6万円ぐらいする？　もっとするものもありますよね？　冷静に考えたら、普通の家で6万円のカバンを買うって言ったら、高いと思いますよね。そうしたら、やっぱり大事に使わないとあかんよねって。

竹内　それだけのお金を出すのだったら、やっぱり、ちゃんとそれだけ大事に使う。お金を大事に使うということってそういうことなんじゃないかなと思います。

塚本　たとえば、バスに乗るのが200円、ランドセルが6万円というふうに、物の違いによる価格差がある一方で、100円のおにぎりと200円のおにぎりのように同じ物でも高い安いってその幅がありますよね。そういうことも知るというのも多分大事ですよね。

西岡　そうですね。おにぎりとしては同じなのに、価格の差が発生するのはどうしてなのかというのは考える視点になりますね。

竹内　お買い物に連れて行くだけでもその辺は感じ取れるでしょうけど、やっぱり、おこづかい制にすると、もっと身近に感じて、わかるようになると思います。いわば、おこづかいを通して社会を見るっていうのがお勧めです。

西岡　うちの子どもが小学生ぐらいのときかな。文具はおこづかいで買ってくださいっていう話をしたんです。それまではかわいい柄つきの鉛筆を買ってもらっていたんだけど、初めて自分で鉛筆を買うことになってスーパーに行きました。すると、そこで柄がついている鉛筆と柄がついていない鉛筆で価格差があることを知るわけです。「えっ?!」となり、本人はすごく悩んでいました。悩みに悩んで結局、鉛筆は毎日削ってなくなるのが早いから柄がなくてもいい。でも、消しゴムは長いこと使うから、いい柄の物がほしいと言って買っていました。先ほどのおにぎりの話ではないですけど、鉛筆としては同じ物なのに価格が違うのはなぜか？　そこにデザイン料が入っているからだということに気づく。消費者としてすごく大事な視点を学んだように思います。

塚本 人それぞれで価値観って違うから、たとえば、消しゴムにはこだわりたいっていう人もいれば、消しゴムにはあんまりこだわりがないから安いのでいいやっていう人もいるわけじゃないですか。

西岡 そうそう。それでいいと思うんです。お金の使い方ってそうじゃないですか。授業でも話しているのですが、お金の使い方は1＋1＝2、2＋2＝4みたいみたいに一つの答えがあるわけではありません。人と違っていいんですって。でもお金を使うときのポイントが二つあります。一つ目は自分自身が本当にほしいと思っているか。それからもう一つは、周りの人を悲しませないお金の使い方か。この二点が守られているなら、どんなお金の使い方だって正解なんです。ゲーム課金だって自信を持ってすればいい。

母親と父親で教え方の違いはあるのか？

塚本 お金のことを教えていく中で、母親という立場で見ると「こういうのは違うよ」っていうことはなにかありますか。もしかしたら、お父さんの教え方とか、先生の教え方とは違う見方があるのかなとも思ったんですけど。

西岡 あるんですかね？　どうだろう。でも、母親だからっていうのはすごく大きな強みになっているとは思うんですよね。子どもがいまなにを好きで、子どもの間で流行っているのはなにかって、やっぱり親じゃないとわからないと思うし、お金のことを教えるのにそれをいち早く取り入れることもできる。日々、母親をしていると、買い物に行く生活者でもあるから、その視点からも物事を見ることができますし。「みんなはLINEのスタンプを買う？」とか、そういうのは、やっぱり学校の先生だと扱いにくいんじゃないかなと思います。

塚本　なるほど。生活者の視点で実際に生活するときのお金を扱ったり、貯めたり、色々なことを考えなきゃいけないっていう立場にあるから、それを自分の子どもたちなり、小学校の生徒さんなりにも伝えることができるっていうことですかね。

西岡　どの子に対しても自分の子どもだと思って話をしていますし、お母さんやと思って話を聞いてくださいって子どもたちには言っていますね。

竹内　本当そうです。ちょっとズレているかもしれないですけど、やっぱり「貯める」ことが大事ですっていう方はすごく多い。語弊がある言い方かもしれませんが、「貯める」は割と誰でもできる。その先の、お金を「使う」ことがむずかしいと思うんです。だからお金を使わないというのではなく、お金を使うことで自分の人生をよりよくできるかとか、お金を使うことでたくさんの人に幸せを与えることができるかといった具合に、いかにお金という道具を使うかを学んでいってほしいと思います。そういうことは母親の方が言いやすいのかな。

西岡　母親だからっていうわけでもないんですけどね。

竹内　人としてですかね。

西岡　子どもの幸せをすごく願うことができるっていう程度かな。

塚本　まあ、みんな、お父さんもそれはそうですけど。

竹内　そうですね。逆に、父親と母親で違うと思うことってありますか？

塚本　個人的には特に違いは感じませんね。なんかそういう視点もあるかなと思って聞いてみました。

西岡　社会でずっと働いているお父さんと、私たちなんかは専業主婦の期間があるから、まあやっぱり、ちょっとした視点の違いはあるのかもしれないとは思います。たとえば、お金の講座なんかで、依頼者がいつもお願いしている団体から依頼先を私たちに切り替えてくださるケースがあるんですけど、切り替えてくれた理由を担当の方に聞いてみると「お母さんみたいな年代の方から教えてもらう方がいいと思った」って言われることがすごく多い。

子どもにお金について話すきっかけは？

塚本 母親・父親というのとはちょっと違うけど、金融庁で金融経済教育の指導教材をつくったときに、国立の大学附属の家庭科と社会科の先生方に集まってもらったことがあったんですが、家庭科はほとんど女性でしたね。

竹内 そう。女性の方が多いんですよ。でも、校長は男性の方が圧倒的に多い。

西岡 でもこの前、小学校に行ったら、家庭科の専科担当が男性でした。すごく不慣れで困っているようでしたが（笑）。世の中では男女を入れ替えて専科につけるみたいな流れが起きているとちょっと感じました。

塚本 ジェンダーレスというのは世の中で意識されているところでもあるので、学校でも取り入れられていくのでしょうね。学校だと機能しやすい気もします。やっぱり男女両方いないと、新しい発想とかがまったく出てこない。男性だけだと男性ばっかりの発想になって女性の目線が抜けちゃったりとかするし、できれば、年齢層も歳がいっている人もいれば若い人もいるっていう形にした方がいいし、日本だとどうしても男女ぐらいしかあんまり差がないのであれなんですけど、やっぱり外国人を入れるべきっていう議論もありますよね。そういうことをやって多様性を高めていかないと、発想が凝り固まっちゃいますよね。

西岡　確かにそれはそうかもしれない。

塚本　最後にもう一つ。子どもにお金について話すきっかけというか、どういうところからお話をしていくのがいいですかね。

西岡　これは、普段の生活の中に結構転がっていると思うんですよ。お金って毎日使うものだから。なにかのテーマに絞ってしゃべるというわけではなくて、たとえば、キャサリンなんかがよくやっているのは、「今日はお野菜が安かったよ」って言うだけでも「物の値段は変化しているよ」っていうことを伝えているわけで。そんなことでいいんですよ。むずかしく考えずに、日々自分が使ったお金のことを、失敗したでも成功したでもいいですから、お話しいただければと思います。

（取材日：２０２２年11月20日）

注　ピギーちゃんMoney Savvy Pigおよび、その加工物は米国Money Savvy Generation社の知的財産です。「ハッピー・マネー®」はI-Oウェルス・アドバイザー㈱の登録商標です。

キャサリンとナンシー
（竹内かおり／西岡奈美）
金融教育実務家。株式会社マネイク。「金融教育を公教育に」証券会社出身でリアル子育て中のファイナンシャル・プランナー二人が、「お金の話をかんたんに！　おもしろく。投資をもっと身近に」をモットーに、お金のお医者さんとして公立小学校や金融庁などをはじめとする公的機関で授業を行っている。２０２２年４月に株式会社マネイクを設立。小学生向け・親子向け金融教育・大人向け投資教育講座実績数は５００講座を超える（２０２３年12月現在）。テレビ出演、各種メディア掲載実績もあり。著書に、『【こどもSTEAMシリーズ】小学３・４年生向けお金の考え方・使い方、小学５・６年生向けお金の考え方・使い方』

取材協力●一般社団法人ナレッジキャピタル
撮影●八雲いつか

森永康平

株式会社マネネCEO／経済アナリスト

お金をどうやって守るか
——子どもの詐欺被害を防ぐ方法

父・森永卓郎から教わったこととは？

塚本　最初に簡単な自己紹介をお願いできますか？

森永　金融教育ベンチャーの株式会社マネネを経営している森永康平と申します。普段は、特に子どもがメインなんですけれども、「お金の勉強をしましょう」ということで、大企業さんであるとか地方自治体さんとコラボしてお金についての授業をしています。その一方で、経済アナリストという肩書で経済の分析をして、講演とか執筆という形でみなさんに情報提供をしているということで、二足のわらじでやっております。

塚本　森永さんはお父さんが森永卓郎さんで、お父さんはそれこそ「年収300万円生活」でいかに楽しく暮らすかということを発信されていると思うんですが、お父さんからお金について教わったことってあるんですか？

森永　よく聞かれるんですけれど、結論から言うと「ない」です。お金の勉強は自分でしたというのが正直なところなんですよね。ただ、環境に恵まれていたなっていうのは感じています。それはなぜかと言うと、父親がシンクタンクにいたので、家には大量に経済のレポートがあったんです。もともとはレポートの裏側を「お絵かきに使いなさい」っていうことで、父親が持って帰ってきていたものです。それとともに父親が仕事で使っていた経済関連の本であるとか、あとは当時、書評を書いてくださいという依頼がよく来ていたので、毎月出る経済関係の新刊は基本的に多分すべて家に届いていたんですよ。父親がそれらを全部読んでいたのかは知らないですけど、少なくとも家に経済書が山積みになっていた状況があった。興味を持ち始めたのは小学校の高学年とか中学に入るぐらいだと思いますけど、なんとなく家に置いてあるレポートを読み始めたんです。当然、意味がまったくわからないので、父親に「これはどういうことなのか」と聞きましたが、忙しいので教えることはできないと。その代わりに「とりあえず後ろの索引からわからない単語を逆引きしろ。該当する章を読めばわかるから」とミクロ経済学とマクロ経済学の分厚い教科書を渡されて読んでいました。なので、「習いましたか?」と言われたら「なにも習っていない」のですが、ただやっぱりいま言ったように家庭環境がそうなっていたので。ほかの家のことは知りませんが、おそらく一般的にはそういう環境はないでしょうから。

塚本　そうですね。普通は経済学の本が家にいっぱい置いてあるというのは、なかなかないでしょうね。

親の職業によって子どもの金融リテラシーが高くも低くもなってしまう

塚本　森永さんが金融教育をはじめられたのはなにがきっかけだったんですか?

森永　これは話すとちょっと長いのですが、僕は2016年から2年間、台湾で会社をやっていました。そのときにはもう子どもが二人いて、妻子を日本に残しての単身赴任でした。台湾は近いので、毎月行ったり来たりしていたんですけど、3人目の子が生まれることになって、3人の子の面倒を妻一人でみるのは無理だという話になりました。さらに妻には職場復帰したいという希望もありました。いよいよ僕は日本にいなくちゃならなくなり、台湾で一緒に会社をやっていた人に代表権を移して帰国することにしました。帰国することは決まったものの、日本のサラリーマンって朝早くに会社に行って夜まで働き、夜は夜で飲んで家に帰るような生活をしている。そうすると平日はほとんど家にいません。週の5日間がそんな調子だと、疲れてしまって土日はうだうだと寝て、子どもとあんまり過ごせていない。これって、単身赴任してるのとあまり変わらないですよね？　だから、日本に帰ってもサラリーマンをしちゃダメだと思ったんです。それでとりあえず会社をつくることにしました。世の中の起業家たちが「世界をこう変えてやる」って高い志を持って箱をつくるのと違って、僕はいま言った理由で箱をつくっただけなので、なんの志もありませんでした。

ただ、登記するにあたって、なにをする会社かっていうのを書かなきゃいけない。やりたいことがあって起業しているわけじゃないので悩みましたね。どうしようかなと思ったときに、昔のことを思い出しました。自分は大学に入ってからも、社会人になってからも詐欺に引っかかったことはないし、不要な金融商品を買ったこともない。全部自分で判断できてきた。一方で、周りの友だちを見てみると、詐欺に引っかかったやつもいるし、変な保険にいっぱい入っちゃったやつもいる。この違いが生まれたのはどうしてだろうと考えてみると、僕は頭がいいとかそういう話ではなく、単純に僕には子どものときに学ぼうと思えば学べる環境が用意されていただけなんですよ。実はこれってめちゃくちゃ不公平な話じゃないですか？　だって、親の職業によって子どもの金融リテラシーが高くも低くもなってしまうということなので、これはよくない。せっかく箱をつくるんだったら、金融教育をやる会社をつくればいいんじゃないかと思って立ち上げました。

創業当初は、いまと違って結構ピュアな気持ちがすごく強くて、金融教育を学校の義務教育にしたいと思っていました。とりあえずできることはなんでもやろうと、文科省の人に会いましたし、金融庁の人にも、実際に学校で働く先生方にも話を聞きに行きました。無知なまま走り始めて、段々と事情がわかってくるにつれて、これはとんでもなく時間がかかるぞということに気がつきました。文科省の学習指導要領を変えるだけでも10年ぐらいかかるんです。英語やれ、プログラミングやれって、カリキュラムがパンパンになっちゃっていて、こんなところに金融教育を入れられてもやってられないよという現場の声もあり、現場がそんな状態ですから、学校側もあんまり前向きではありませんでした。これはダメだなと思ってすごく絶望したんですけど、よくよく考えてみれば、公教育を変えることにそれだけ時間がかかるってことは、裏を返せば僕らみたいな在野の人間や民間企業がやる余地がめちゃくちゃあるなとも思いました。

お金にフォーカスしすぎない

塚本 2018年に金融教育ベンチャーを立ち上げられて、さまざまなところで金融教育を行われていると思うんですけれども、実際どういうことを教えられているんですか？

森永 日本で金融教育と言うと、若干、投資教育みたいな雰囲気があるんですが、子どもに対して最初にそこを教えるのはどうなのかなと僕は思っているんです。なので、まず、「そもそもお金ってなんだっけ？」という基本的な話からしています。たとえば、いまの時代、子どもは小さいころからお年玉なんかの形でお金をもらっていますけど、「じゃあ、そのお金って誰からもらっているんだっけ？」と聞くと、当然、「お父さん、お母さん、おじいちゃん、おばあちゃん」っていう回答が返ってきて、「じゃあ、お父さんとかお母さんはどこからお金をもらっているんだろう」ってさらに聞いてみる。すると、小学1年生でも「仕事をしてもらっている」とか、「会社の社長からもらっている」とかって答えてくれるんですよね。「じゃあ、その会社の人たちっていうのはどこからお金をもらっているの？」って進めていき、結局、お金っていうものが社会をぐるぐる回っていること、なにかの対価として支払っていることなどを教えます。そこから3つのお金の使い方、「貯め方」「守り方」「増やし方」についても説明する感じでやっています。

塚本 なるほど。小学生ぐらいの子どもだと、自分がお金をもらうということがどういうことなのかっていうのは理解していて、親がどうしているのかぐらいのことはわかるけど、そこが社会につながっているという意識はあまりないかもしれないですね。

森永　そうですね。やっぱり社会に出ているわけではないですからね。なんでもいいんですけど、たとえば、チョコレートを買ったとします。「チョコレートって果物みたいにそこら辺の木になっているんだっけ?」って話をすると、当然、そんなことがないのはみんなわかっています。カカオがあって、それを採取する人がいて、加工する人がいて、トラックで運ぶ人がいてみたいな、商品ができるまでには色々なプロセスがあって、それぞれのプロセスにそれぞれ仕事をしている人たちがいるということは、小学1年生でも理解してくれます。そうやって、色々な人の仕事で世の中って成り立っているよねっていう話をすると、社会に出たことがなくても、確かに世の中には色々な仕事があるっぽいなっていうこともわかる。「みんなのお父さん、お母さんはどんな仕事をしているの?」って聞くと、あたりまえですけど、みんなが同じ職業のことってまずない。そうすると、自分の親以外の大人って違う仕事をしているんだとか、みんな違う職業じゃんっていうことに、その場で気づいてくれて、本当に色々な人がいて社会っていうのは成り立っているんだなというのを実感してくれる。そういう意味で言うと、お金にフォーカスしすぎないことに注意しています。

塚本　お金単体で物事が成り立っているわけではなく、あくまで社会が回るためにお金が使われているということですね。

森永　お金を中心でしゃべってしまうと、僕らはよかれと思って金融教育をやっていますけど、結果として「お金がすべてだ」みたいな話になりがちなんです。そんな教育だったらしない方がいい。どちらかと言うと、いまおっしゃっていただいたように、社会の潤滑油じゃないですけど、お金っていうものがあるから社会活動が円滑に進んでいくっていうだけの話です。仕事をしている人だったりとか、成果物だったりとか、そういうものがそもそも大事で、あくまでそれらを仲介しているのがお金に過ぎない。そのぐらいの立ち位置で教えてあげないと「お金がすべてなんだよ」みたいな子どもになってしまうかもしれないと危惧しています。

自分の子どもたちに教えているお金のこと

塚本 立ち位置をどこに定めるのかによって、教え方はだいぶ変わってしまうのでとても大事ですよね。森永さんはお子さんが3人いらっしゃるそうですが、お子さんにはどんなことを教えられているんですか?

森永 うちの子どもはいま、上が9歳、まん中が7歳、下が5歳なんですが、ちょうど下の子が生まれたぐらい、上が4歳で、まん中が2歳のころからやっていることがあります。とはいえ、お金の教育と言ったって、そんなに大人が考えるほどはできないんですよ、4歳とかが相手だと。なので、まずやっているのは「おこづかい」をあげるという、あたりまえのところです。ただ、2歳の子にお金を渡しても意味はわかっていないですね。

塚本 そうですね。口に入れちゃうかもしれないです。

森永 そうそう。そっちの方が怖いですよね。なので、一応あげますけど、もらった瞬間に子どもには各自の色違いのぶたの貯金箱に入れさせるんです。「とりあえずあげるから貯めておけ」と言って。子どもにも段々と物心がついてきて、一緒に買い物に行くと「このお菓子がほしい」とか、主張してくることがあります。そのお菓子を買ってあげることもありますが、「こないだ買ったばっかりなのに、なんでいままた買うの?」と言って買わないこともあります。そうすると、買わなかったときに「じゃあ、自分で貯金箱からお金を出して買う」って子どもが言うんです。それは別に止めないですね。もうその子のお金なので。

塚本 「それはむだづかいだよ」とか言わないんですね。

森永 そうですね。そこにはもう関与しないです。ただ、足し算とか引き算はまだできなくても、お金を貯めていくとぶたの貯金箱が重くなっていくという実感が子どもにはあって、これはもう感覚的な話なんですけど、やっぱりなんか重くなっていった方がぶたは成長しているように感じている。貯金箱からお金を出して使ってしまうと軽くなるじゃないですか？　軽くなったら「ぶたさんがやせちゃった」みたいな悲しい気持ちになるわけです。そのときに子どもに「軽くなっちゃって嫌なのか？　軽くなったけど買った物がよかったから、そのうれしさが上回っているのか、どっちなんだい？」という話をしてみる。これはむずかしく言うと、経済学で言うところの効用が高いか低いかってそういう話ですけど、要はいま言ったことなんですね。折に触れて「どっちがうれしかったの？」っていう話をしていくと、「多分買ったらうれしいんだけど、それ以上に減った物の方がつらいからやめておこう」とか「これはいま使った方が絶対うれしいから、ここは別にケチる必要はない」とか、子どもなりにそういう感覚をなんとなくつかんでくれるようになります。金融教育といっても、子ども相手に本を片手にお金の使い方を教えるとかっていうのは一切していなくて、どの家庭でもできるようなことしかやっていないのが実情です。

塚本 お金を使ったことによって、それで自分がどれだけ喜べるかっていうことと貯金箱が軽くなることの悲しみみたいなものって、同じ物を買ったとしても人それぞれで違うかもしれないですね。

森永 そうですね。そこら辺って結局、個人個人ですよね。やっぱり「上からこうだ」って枠にはめたような教え方はよくないと思うんです。僕の感覚がすべて子どもも一緒だと思って教えると、多分子どもはそうじゃないので、子どもにしてみれば押しつけられたと感じる。よかれと思った教育が、結果的に価値観をゆがめてしまうかもしれない。だから僕は「自分でやれ」とその行為自体はもう自由にしなさいと子どもに委ねてしまう。そう言われてなにも感じない子がいたとしても、それはそれでいい。とりあえず、自分を知ってほしいっていうのがあるんですよね。ただ、どう思ったかを教えてくれとは言っています。そこのところは共有していき、この子はこういうタイプだなっていうのは、一応、見極めてはいるつもりです。

塚本 なるほど。お子さんが3人いらっしゃると、3人で受け取り方とか行動も違いそうですね。

森永 お姉ちゃんはわかっていますけど、いちばん下の子は言われるがままに貯めているだけですね。下の子は上を見ながらなんとなくまねをしていて、「自分の貯金箱から買う」と言ってみても、買おうとしている物が高すぎて話にならないこともあります。いちばん上の子ぐらいになると計算ができるので「どうしてもやりたいから、ここは私の貯金箱から出す。あとで返すからいまお金貸して」みたいに、お金の貸し借りみたいなこともしはじめていますね。

詐欺に引っかかる様を見せる

塚本 最近は投資の詐欺被害防止の啓発に力を入れているとお聞きしたんですけれど、どうしてなんですか?

森永 2018年に金融教育のベンチャーを立ち上げたときに、金融教育を言っている人ってあんまりいなかったんですよ。もちろん、金融庁さんは言っていましたけど、僕みたいに在野の人間で言っている人は少なかった。投資側の立場から「積立投資をした方がいい」とか、そういうことを言っていた人はいますけど、金融教育ってことを言ってた人はほぼいなかったと思います。そうこうしているうちに老後2000万円問題が起き、「貯蓄から投資へ」って言われるようになったり、高校の家庭科で金融教育をやりましょうみたいな話があったりして、どんどん金融教育に風が吹き始めました。2022年になると、金融教育って言う人も増えたし、それを生業にしている会社もいっぱい増えてきたなあという印象がありますが、僕はそういう人たちを「競合だ」とはまったく思わないんです。むしろ、一緒になって金融教育をやってくれるのだったら、どんどんやってほしいとさえ思う。金融教育は一人でできることではないので、まかせられるところは他の人にやってもらおうって思うタイプなんです。

そうすると、金融教育の中でも投資分野をやりたいという人はたくさんいるので、そこはもうやってもらえばいいやと思う。誰もやりたがらないのはどこの分野だろうと見ていると、詐欺のことを言っている人はあんまりいなかった。「どうやって投資するか」「どうやって増やすか」みたいなことを話す人は多いんですけど、「どうやって守るか」を話す人はいなかったので、じゃあ、そこをやろうと思いました。しょうもない詐欺に引っかかって自殺しちゃうとか、最悪な結末を迎える子どもが一人でも減ればいいなと思っています。親目線で見ればあまりにも悲しすぎるじゃないですか？　そんな子はいちゃダメだろう、絶対に減らしたい。お医者さんみたいに、救える命があるんだったら救いたいという思いが強い。お医者さんが戦っている小児がんなんかと違って、詐欺なんていくらでも防げますよね。

「詐欺に引っかからないようにしましょう。おいしい話はない」とかはよく聞くフレーズではありますが、あたりまえのことを言っているだけじゃないですか？　詐欺に引っかかりたい人がいるはずないし、おいしい話があると思うから詐欺に引っかかるわけですよね。それでは伝わらないなと思いました。リアルに伝わるのはなんだろうと考えたところ、詐欺をされる実際の瞬間を見せるのがいちばんいいと思い、いまはそれをやっています。未公開株への投資の勧誘とか不動産の紹介とかが、X（旧ツイッター）のDMや電話なんかで僕のところにも大量に来ます。そんなのはスパム扱いして一切無視していましたけど、返信してあえて「引っかかって」相手と実際に会ってみる様子を一部始終録音させてもらい、誰でも見られるユーチューブにも上げています。一応、相手からは許可を取っていますよ。詐欺に引っかかっちゃいけないと誰もが思っているのに引っかかるのはどうしてか？　その手口を見てもらいたいと考えたんです。

詐欺に引っかかりやすい人

塚本　なるほど。詐欺っていうと、頭が悪い人が引っかかるとか、欲の皮が突っ張っている人が引っかかる、引っかかる方が悪いといった、そんなイメージがあると思うんですが、実際に詐欺の営業を受けてみて、どう感じられましたか？

森永　もちろん引っかかる人が悪いとは思いますよ。ただ、大前提としてそもそもそういうことをする人が悪い。両者悪くて、悪さの度合いで言ったら、引っかけにくる方が悪いっていう話なんですけど、受け手側のレベルによって詐欺の種類は変わってくるなと思いました。たとえば、本当になにもわかっていないような人たちに対しては投資詐欺ってできないんですよ。知識がないから話の意味がわからない。そういう人たちに対しては「10万円のコロナ対策の還付金があるので」とか、誰でもわかるようなもっと直接的な詐欺を仕掛けてきます。一方で、中途半端に知識がある人たちにはやっぱりちょっとハイレベルな感じの投資詐欺が来ます。たとえば「未公開株に投資してＩＰＯになると何十倍にもなるからいま入れておくのがチャンスですよ」とか。あと、これは20～30代に多いんですけど、バズワードに引っかかる人たちも注意が必要です。「ＮＦＴ」

とか「メタバース」とか言われると、よくわかっていないんだけどなんかすごそうに感じる。響きが最先端っぽくて、そこに噛んでいる自分もかっこよく思えちゃうみたいなものをスッと出されると詐欺に引っかかってしまう。詐欺師は受け手側のレベルや受け手側がなにに魅力を感じるのかっていうところを見ながら、結構出し入れしてくるように感じました。やっぱり彼らも楽して金を稼ごうとしているので、その分すごく色々準備していますね。資料を見せてもらっても本当にプロがつくったようなすごくきれいなものですし、セールストークも磨かれています。外資系の運用会社で仕事をしていた僕の目から見ても相当なものでした。最近は劇団みたいになっているのもありますね。すごく低姿勢な営業マンみたいな人がいい話ばっかりしてくるのですが、「でも、ちょっとなんか不安なんでやめておきます」とかこっちが渋ると、急に怖いのが来てどやしつけられるんです。それはもう仕組まれているわけですよ。やさしく言っていけるんだったらそのまま突っ走るし、ちょっと拒否られたら圧をかけて追い込む。「さすがに俺は大丈夫だよ」って油断があると、あっちはもう練りに練っているので思いきりやられてしまうっていうことはありますね。

塚本 知識がある人でも引っかかっちゃう可能性があるんですね。

森永 大丈夫だと思っている人ほど危ないかもしれないです。

塚本 自信過剰になっていると、そこにつけこまれちゃうっていうところがあるんですね。

森永 よくあるパターンで言うと、ブロガーさんの記事やSNSの情報を見て積立投資をやる人が増えたじゃないですか？　それだけなのにすごく詳しくなっちゃった気になる人って結構いるんですよ。極端な話をすると、積立投資って積立設定をしたら終わりな話なので、積立投資をしたからといって投資について詳しくなることってまずないんです。でも、「俺は投資家だ」って思っちゃう人がいて、こういうのがカモになりやすい。詐欺師にとってはわかったつもりになっている人ほどやりやすいんです。そういう人には「実は銀行とか証券会社では紹介されていない投資信託があるんですよ」って具合に声をかけてきます。すると、「知らない」って言いたくないもんだから「見せてくださいよ」みたいに、ちょっと受けちゃうんですね。それで、ありもしないリターンとかを並べられても、ちょっとむずかしい言葉を使われると、知らない自分を出したくないから、「ああ、なるほどね」みたいな感じでわかったふうにして聞いてしまう。「言霊」ってあるもので、言っているうちになんかそうなっちゃう。自己暗示されちゃうんですよ。それで引っかかるっていうパターンがあります。わからないのにわかったふりして聞いていると飲み込まれます。聞いていて意味がわからないのだったら、「わからないものには投資できません」って言って、その場で断っちゃった方が本当はいいんですよね。

若者の間で流行っている詐欺

塚本　なるほど。実際に投資の詐欺ってどういうものがあるんですか？

森永　まあ、わかりやすいのはいわゆる投資信託ですよね。

塚本　架空の投資信託っていうことですか？

森永　もちろんです。当然、登録されていないものです。そもそもそんなものを営業していいわけがないっていうのは、われわれは知っていますけど、投資家って商品のことは詳しくても法律のことは意外と知らないです。多いのはありもしないものを売られるっていうケース。これはだいたいリターンが保証されていますね。僕が聞いたのは年間30％。元本を保証する代わりにリターンがちょっと落ちて10％ぐらいになっちゃうというのもありました。未公開株詐欺もやはり多い。いま買っておくと、10年後とか、5年後とかにIPOして500倍になりますみたいなことを散々言われて買ってしまう。学生の間で流行っているのはUSBメモリの詐欺ですね。値段に差はあるんですけど、USBメモリをだいたい50万ぐらいで買うとオプション取引のシステムが入っているというものです。絶対勝てるという触れ込みなのですが、やってみると勝てない。50万円という価格設定がまた絶妙で、「そんなお金はないですよ」ってだいたいの学生は言うらしいんです。そうすると、俺たちがつきあって学生ローンまで行ってやると連れて行かれ、サインすればいいだけってところまで全部やってくれるので即金で借りられちゃうんです。家に帰ってやってみて、勝てないというところで終わればまだいいんですけど、「これを友だちに売れば5万円キャッシュバックしてやる」って言われるそうです。そうすると、だまされた側は、変な話、10人に売っちゃえば元が取れるので、アルバイトの同僚だとかゼミの同期に売ってしまう。10人ぐらいだったら売れるんですよ。それがどんどんネズミ講のように広がっていく。これの怖いところは、お金を失うだけでなく、友人関係も壊れることです。まさかこいつがだますわけないだろうって思うような、関係性が近い人ほどだましやすい。だましやすいけれども、だましたということがばれたときに友情が壊れてしまうダメージって、近ければ近いほど大きいじゃないですか？だから、その子たちが後悔しているのは多分お金以上に人間関係を壊したということですよね。

特に大学生とかだと、そのときの友人関係って一生続くことが多いじゃないですか？それが詐欺をやって壊れちゃうとなると、一生ずっと言われ続けるっていうことですよね。お金以上の損害があまりにも大きすぎるので、すごく罪深いと思います。これが大学の中で流行ってしまっている。

僕らが大学生のころって、正直、ネットサービスがほとんどなかったじゃないですか？でも、いまの子たちって、インスタグラムとかユーチューブとかX（旧ツイッター）とかいっぱいあるので、それがまた詐欺のツールになっちゃっているんですね。よくあるのが、「俺のインスタを見ろよ」とか「これでうまくいっている先輩のインスタのアカウントを教えるよ」とか言われるパターンです。見てみると、20歳ぐらいなのに高級外車に乗っていたり、豊洲のタワマンの最上階に住んでいたり、札束を持ってワインを飲んでいたりするような写真がバンバン載っていて、20歳でもこんな生活ができるよみたいなのを見せつけられるんです。けれど、そういう写真は嘘でつくられていて、たとえば、高級外車は詐欺グループのみんなでレンタルするらしいんですよ。100人で借りれば一人が払う額なんてたいしたことないですから。それで、順番にドライバーズシートに座る写真を撮っていうのを繰り返していくんだそうです。当然、レンタカーなのでナンバーを写さないんですよね、ばれちゃうので。タワマンの写真はいわゆる不動産の内見を利用するそうです。あれに申し込んで、あたかも自分の家かのように撮るらしい。そうやってつくられた写真をインスタにバーって並べて、「ほら、俺はこれだけ成功した」と見せるわけです。学生には写真の裏事情はわからないので、自分と1歳、2歳しか違わないのにこんな大人よりもすごい生活をしているんだなってなると、やっぱり「どうやったんですか？」って聞きますよね。「実はめちゃくちゃいい方法があるんだよ」って言われて、それでついつい信じちゃう。

塚本　なるほど。先日、ある大学へ授業に行ったんですけど、そこの先生がおっしゃるには、いまってやっぱりみんなSNSを使っていて、承認欲求がすごく強いそうです。だから、そのSNSの中で認められたいがゆえに、ちょっとあやしげな人から連絡が来ても相互フォローしちゃうみたいに、関係ができやすいって言ってましたね。

森永　やっぱり、ネット空間での接触は結構ハードルが低いですね。インスタにしろXにしろ相互フォローで終わるのだったらほぼ問題ないのですが、DMとかでやりとりをするようになると、なんかその人と段々親しくなったような気がしてくるんです。会ったことがなくてもネット空間でコミュニケーションを繰り返すうちに、自然といい人だって思ってしまう。時間が経つにつれて、本当にちょっと信頼したり好きになってしまったりもする。いざリアルで会ってみると、ネット空間で過ごした時間のせいで目が曇っちゃって、「こいつ明らかにあやしいだろう」っていう感覚がつぶされてしまう。むしろ「やっと会えましたね」っていう嬉しさが上回るところがあるんですよね。

年配者がはまりやすい詐欺

塚本　色々な詐欺の種類をうかがいましたけど、年配の、たとえば、40代、50代の社会人経験が長い人と、20代、30代のまだ社会人経験がそんなに長くない人で、引っかかりやすいものって変わってくるんですかね?

森永　若い子たちはいま言ったようなインスタを使ったり、Xを使ったりといった具合にネットが介在するような詐欺が多いですけど、40代・50代になってくると、そもそもデジタルネイティブじゃないので、意外とアナログなものに引っかかる傾向があります。不動産なんかはいい例です。不動産投資となると、20代とかには話がヘビーというか、投資用物件と言われてもよくわからない。40代・50代ぐらいになると、子どももう巣立って、それなりにお金があって、いまあるお金をどうやって運用しようかなという人も多い。そういった人は言い方は悪いですけど、詐欺師から見ればはめやすい。実際に詐欺師に聞いてみると、上下関係が強い会社（大企業）をやりに行くっていうのはよく言っていますね。

塚本　どういうことですか？

森永　僕は両方に勤めたことがあるからわかるんですけど、ベンチャー企業っていうのは、上の役員の年齢が比較的若いですし、組織や人間関係が結構フラットなところが多い。これが、昔からある大企業とかになると、社長なんか年1回の総会でしか見たことなくて、雲の上の存在。役員もろくに見たことがなくて課長とかでも結構偉い。縦の組織ががっちりしているところは、不動産投資案件ではめやすいそうです。まず上を落としに行く。たとえば、部長を1回はめちゃえば、あとはその部長に「部下も紹介してくださいよ」ってお願いすればいい。縦の意識が強いので、部長から紹介された業者ってなると、それだけでもう部下は断れなくなっちゃうそうなんです。そこに投資用の不動産を紹介すると。

塚本　不動産ということになると、被害金額もすごく大きくなりそうですね。

森永　そうですね。普通に人生が終わってしまう人たちが結構います。こないだ私が受けた詐欺の営業では、都内のちょっと外れたところにあるワンルームマンションなんですけど、とりあえずローンで35年組みましょうと言うんです。ローンに関しては、自分たちが組んでいる金融機関がもうあるので審査は大丈夫ですし、期待されている家賃もありますと。この家賃に管理費とか修繕積立金といったコストと毎月のローンの返済額を合わせると、月々25円の赤字になります。そうすると、毎月25円だけ払っていれば、35年後に2千何百万円の資産価値の不動産が残りますよね。ローン完済後は、引き続き賃貸に出してもいいし、老後に自分が住む家に使ってもいいですよねって甘い文句でくるんですね。でもよくよく見てみると、その35年間のシミュレーションって、常に入室している前提になっているんですよ。入室しなかったら、ローンをひたすら払わされるだけじゃないですか、自分も住んでいないのに。あと、家賃の設定もずっと据え置きだったんです。実際はこれも多分ない。詐欺師を論破しようと思ってデータを分析したんですけど、その土地のその築年数の物件ってだいたい10年で8％ぐらい家賃が下がっていっているんですね。35年間ずっと家賃が変わらないっていうのもおかしいし、常に入室しているっていう前提もおかしい。彼らのシミュレーションが正しくないっていうのは、ちょっと頭が働けばわかるんですよ。でも、「25円だけ払っていれば、35年後に物件が1個まるまる手に入る」って方に目が行っちゃうと、そのあやしい前提条件に気づけずに、「ありがとうございます」みたいな感じになっちゃうんだろうなっていうのは、営業を受けて思いましたね。

塚本　なるほど。でも、そのケースだと、業者自体はちゃんと色々な資格や免許は持っているんですか？

森永　ほとんど持っていないです。僕も不動産自体は素人だったんですけど、今回の詐欺の取材のために結構勉強しました。彼らは色々とグレーなことをやっているんですよ。一般的に、仲介業者は売り主さんからまず買い取り、自社の物件として持って、それを買い手に売っていくわけですから、売り主から仲介業者にまず移転登記して、それが売れたら買い主に移転登記するって具合に登記は2回やらなくちゃいけないんですね。でも、彼らはやらないんです。「仲介しているだけです」と言って、売り主と買い主が見つかったら登記するんです。登録免許税は物件価格の2％って決まっているので、今回の場合だと2500万円の物件の2％で50万円です。2回登記すると登録免許税だけで、50万×2で1000万円かかるはずのところを、1回だけの登記にして50万円で済ます。さらに、それを売り主と買い主を一切会わせることなくやるので、業者が売り主からいくらで買ったのかを買い主側は知らない。業者は1000万円で売り主から買い、買い主には2500万円と提示して、1500万円の差分を抜くっていうことをする。そうすると、もうトラブルになるんですよね。なぜかって言うと、この業者は登記上でいなくなっちゃうので。なにかあったときに、業者がパッて逃げたら、もともと売った売り主さんの登記情報しかない。買い主はこのもともとの売り主に文句を言ってもしょうがないわけです。この中間移転登記を飛ばすことっていいんですか？　って聞くと、法務局は明確にダメだって言っています。でも、なんでそんなことが横行しているかというと、政府は「グレー」って言っちゃっているんですよ。違法とは言いづらいよねみたいな雰囲気を出しちゃっているせいで、詐欺師はめざとく足がつかないようにうまいことやってしまう。いま言った話とかも、僕は勉強して知りましたし、不動産業に勤めている方ならあたりまえのことかもしれないですけど、それ以外の業種に勤めている方が知るわけがないです。やっぱり、知識があれば防げることってかなり多いというのは今回色々やってみてわかりましたね。金融リテラシーを高めることは自分を守ることにすごくつながるなっていうのを実感しました。

詐欺商品の売り方とは

塚本　詐欺の営業を受けるっていう話をお聞きしましたが、撮られている動画の中には反対に森永さんがドッキリで詐欺商品を売ろうとするのもありますよね。最初は正攻法で普通に売ってみるけどうまくいかなくて、詐欺業者がやっているような「元本保証です」「高利回りです」「いまだけしか買えませんよ」みたいな感じでやっていくと相手が買う気になってしまうという内容でした。

森永　そうですね。やっぱり僕はもともとが金融機関の出身なので、「絶対に」って言えないんです。当時はアナリストとしてレポートを書いていたんですけど、たとえば、レポートに「絶対に上がると思う」とか書くと、コンプライアンスで引っかかって戻ってくるんですね。「絶対に」なんてことはないと。レポートの最後には誰が読むんだよってぐらい長いディスクレーマー（免責注意事項）をつけるのですが、その癖がついちゃっている。そうすると、お客さんから「これ、大丈夫なんですか？　絶対儲かるんですか？」って聞かれても、「絶対儲かるかはわかりません。ただ、過去30年間のデータで見るとプラスでした」って具合に答えてしまうんです。でも、「過去30年間がそうだから来年もそうなんですか？」と聞かれてしまうと、「それはわかりません」としか言えないじゃないですか？　だから、誠意を持って対応すると、お客さんからすると「この人、信用できないな」ってなっちゃうんですよ。「絶対大丈夫」って言ってくれないし。

塚本　本当は断定しないことが誠実なんですけどね。

森永　そうなんですよ。でも、金融の知識がちゃんとあって、お客さんのことを考えて営業する人って、お客さんからはすごく頼りない営業にしか見えないんですよ。「絶対大丈夫」とは言わずに「儲かるかもしれないし、損するかもしれない」とか、すごくあやふや。自信を持って言うのは「過去のデータではこうでした」。お客さんからするとやっぱり「なんだ、こいつ」ってなりますよね。かたや、詐欺師はお客さんのことなんて無視して「これを買えば絶対儲かりますから」とか、僕らからしたらヒヤヒヤしちゃうような営業をする。その方が、お客さん目線で見ると「絶対儲かるんだ、なら買おう」みたいになるんです。歯がゆさがありますよね。まじめにやればやるほどダメな営業マンになってしまい、やっちゃいけないことをやればやるほど素晴らしい営業マンに見えてしまうっていう、この矛盾。でも、確かにわかるんですよね。僕も客側だったら「これ儲かるかどうかはわからないです」と言われたら、誰がそんなのを買うんだよって思いますし。「絶対儲かる」と言ってくれた方が、「じゃあ買おう」って思うのは、気持ちとしてはすごくわかる。これは難儀なものだなと思いましたよね。

塚本　詐欺に引っかからないためにはということで、「あなただけ」「いまだけ」「絶対に」とかっていう言葉が出たら、ちょっと気をつけましょうねみたいなことは言っているんですけど、それはかなり正しいっていうことなんですかね。

森永 そうですね。「絶対に儲かる」なんてありえないんで。金融教育をする立場からは「そんなものは信じるな」と言いますけど、引っかける側から言えば、僕らがダメだダメだって言っている表現を使えば使うほど、はめやすくなるっていうことなんですよね。ここが非常にむずかしい。だからこそ、まず、ありのままをみんなに見せてあげたいと思ったんです。僕がやる潜入捜査を見せることによって、誠実にやればやるほど、僕らから見たら魅力が失われていき、客を無視してありえないことを言いまくった方が客から見ると魅力が増してしまうっていうことに気づいてもらう。発想を逆転させると、「いいことしか言わないやつらは全員詐欺師だな」ということに気づけるという仕組みにしているんですよね。

塚本 「なかなかいい話だな」と思っちゃうかもしれないけど、1回立ち止まって「これって本当に大丈夫なのかな」っていう目線を別に持つということですよね。

森永 「どんなにいい商品だと思えても、いったん落ち着きなさい。その場で契約だけはやめなさい」ってことは言っています。話を聞いて「前向きに考える」って言っていいから、とりあえずその場ではサインするなと。いったん家に帰って、相談できる相手がいるのがベストですよ。ただ、中にはそういう人がいない可能性もある。そういうときこそネットに上げればいいわけですよ。「こんなのを売られそうになったんだけど、どう思いますか?」と聞けば、Xとかでも答えてくれる人がいるでしょうし、話を聞いた案件の名前などで検索すれば被害者の会みたいなブログとかが出てきますよね。見ていると、詐欺師ってやっぱりその場でやらせたがるんです。「いましかないから、契約してください」とか。昔の詐欺のデータを見て回ったんですけど、詐欺の手口自体は基本的にあんまり変わっていないんです。これはスマホがなかった時代の例なんですけど、家に乗り込んできて「電話を貸してくれ」って言うんです。「なんでですか?」と聞くと、「会社に在庫があるか確認する」と。それで実際に電話するんですけど、電話の先は自分たちの詐欺グループの人たちです。うまいこと話を合わせるわけです。「え? まだ在庫が残っているんですか! いや、いま○○さんが買うと言ってるので、残しておいてください」って具合に演技をして、「いましかない」っていうチャンスと「おまえのために一個、在庫を取ったんだからな」っていう負い目の二つの要素を与えて、その場で契約させる。

塚本 なるほど。そういう意味だと、いまそれが流行っているかどうかはわからないけど、昔からあるような手口っていうのを知っておくのはそれなりに意味があるっていうことなんですかね。

森永 まったくそのとおりですね。昔は金だったんですよ。金塊や金の延べ棒だったのがいまはNFTとかメタバースっていう言葉に変わっているだけで、やっていることはまったく一緒ですし、人間の心理を追い込むやり方っていうのも変わらない。いまの方がデバイスが増えた分、インスタグラムで実例を見せられたり、フォトショップなどの画像編集ソフトで色々な画像をつくってそれっぽくできちゃったりするので、より巧妙にできるようになったということですよね。

塚本 だまされないためっていうことを考えると、まずはその場で契約をしない。そのあと、それがネットでどういう評判があるのかを調べてみる、人に聞いてみるみたいなことがすごく大事だってことですね。

年代が上がるごとに金融リテラシーが上がる不思議

森永 はい。あと、金融広報中央委員会がやっている金融リテラシー調査ってあるじゃないですか? あれを見ていると、日本人の金融リテラシーって年代が上がるごとに高くなっていくというグラフがあって、それをいいことだって表現する人がいるんですよ。日本人は頭がいいから歳をとるにつれて金融リテラシーが上がっていくみたいな、すごく前向きな評価をする人がいるんですけど、それはまちがっていると思うんです。要は、（はじめに）裸のまま戦場に放り出して、バタバタと戦死者が出る状況の中、段々とサバイバルの術を身につけて生き延びているだけの話じゃないですか？「成長している」って前向きに捉えるのはいいんだけれども、いやいや、戦場に送り出すってわかっているんだったら、トレーニングして最初からフル装備で行かせてあげなよっていう思いがすごく強くて、それが僕の金融教育をやりたいという理由なんです。

多くの人たちは、大学に入ったとか、一人暮らしをはじめたとか、社会人になったとか、人間関係や生活環境が大きく変わる瞬間に狙われる。たとえば、僕の周りの友人を見ていても、これらの時期に保険会社の営業員が急に来て、明らかに契約内容が多すぎるというか、月の保険料の支払いも大きく、この年代でこの保障内容はいらないだろうみたいなものを買わされていたりする。もちろん、保険は詐欺ではないです。だけど、僕から見たら不必要なものまで買わされている。こちらも詐欺ではないけれども、「大きく儲かります」みたいな感じでレバレッジものの投資信託の積立を勧められたりもしている。使い道によってはいいと思いますよ？　絶対に暴落することがわかっていて、レバレッジをかけて一晩で決済して大きく儲けるみたいに。少なくとも、商品設計上、積み立てに適しているものではないし、期間を長く持てば持つほど減価していくことがわかるじゃないですか？　でも、そういうこともわからないから、買わされてしまう。買ってから勉強して、なにかのタイミングで「俺はなんてものを買っていたんだ」って気づいて、やめるんです。こんなふうに「傷つきながら覚えていく」みたいな人が日本ではあまりにも多い。それが致命傷にならなければもう1回やり直せばいいよねっていう話ではあるんですけど。とはいえ、その間の時間はすごくむだですよね。だったら、小さいころからお金の勉強をして、守れるものからは守ろうよって思うんです。

塚本　確かに。世の中でそれなりに成功されているような、たとえば、会社の経営者の方なんかでも「昔、詐欺にあった」「クレジットカードの支払いでものすごく苦労した」とか、色々と手痛い経験をベースに金融リテラシーが上がっているってケースはすごく多いように思います。詐欺っていうのは、数万円損しちゃうぐらいのものだったらまだいいのかもしれないけど、何十万とか何百万とか、へたしたらそれで亡くなっちゃうケースもあるわけじゃないですか？　それを考えると、いかに若いときに引っかからないようにするのかっていうのはすごく重要なテーマになりますね。

詐欺で悩んでいる子たちに言いたいこと

森永　そうですね。あともう一つ思うのが、やっぱり家の中でお金の話をできるような関係はつくった方がいいと思うんです。実際に詐欺の被害にあった人にもインタビューしてみたんですが、「それって、親に相談できていれば終わっていた話なんじゃないの？」っていうケースもあるんですよね。僕が大学生で詐欺に引っかかってしまったとして、親に相談することで「親に迷惑をかけるのが嫌だな」とか、兄弟に相談して「なに？　おまえそんなのにだまされたの？」ってバカにされるのが嫌だなとか、そういう気持ちはすごくよくわかります。でも、親の立場からしたら、相談されないまま抱え込まれて、最悪、自殺されちゃったなんて方がどう考えても嫌なわけです。「言ってくれればよかったのに」って、親なら思いますよね。だから、日頃からいかに親子でお金の話とかを隠さずにしておけるかが大事になってくると思うんです。普段から親子でお金の話をしていれば、「こんなのを買っちゃったんだけど、これってやっぱり詐欺かな？」とかポロッと言えたわけです。

詐欺師も自分たちが悪いことをしているのはわかっています。だから、出るところに出られたらいちばん嫌なのは彼らなんです。いま詐欺で悩んでいる子たちに特に言いたいのは「もう、大人に言いなさい」ということです。その子は「だまされた恥ずかしいやつ」って感情を抱くかもしれないけど、そんなのは一瞬のこと。一晩寝れば忘れます。一瞬だけ恥をかけばいいじゃないですか。とにかく親、親が信用できないのだったら、とりあえずまともな大人がいそうなところに駆け込んで、全部話しちゃいなさい。それができれば、かなりの確率で詐欺師側は手を引くと思います。彼らは悪いことをやっているので、公の場でバチバチやりたくないんですよ。子どもからたかだか数万、数十万円を巻き上げるために自分たちのビジネスを壊すリスクを負いたくないですから。さっさと親やそれなりに信頼できる大人に相談した方がいい。「相談した方がいい」って言うのは簡単で、実際に相談してもらえる親になるためには日頃からお金の話をタブーにするんじゃなくて、ちゃんとお金の話もオープンにできるような関係性をつくっておかないといけないと思いますね。

塚本 なるほど。そういうことだったら、親も詐欺のことについて知っていた方がいいかもしれないですね。

森永 そうですね。詐欺に引っかかったことがない人たちって、詐欺に引っかかるようなやつはバカだと思いがちです。そういう空気感を出し過ぎると、子どもも察知するので、言えないじゃないですか？　詐欺に引っかかるのはバカだからではなく、むしろ中途半端に知識があった方が引っかかりやすいということを理解している。ちょっとしたことかもしれないですけど、これもリテラシーで、リテラシーがないと子どもを受けとめることができない。そういう意味では、僕は子どもをメインに金融教育をやっていますけれども、実は同時に、大人にも啓発していかないといけないと思っています。子どもだけが賢くなってもしょうがないし、親だけが賢くなってもしょうがないので、両輪ですよね。

家庭での金融教育のはじめ方

塚本 たとえば、家庭の中でなにも知らない人たちがやるとしたら、どこからはじめればやりやすいですか？

森永 どこからと言うよりは、やっぱり、お金の話をするっていうところなんじゃないですかね。たとえば「増やし方」で言うと、証券会社とかも含めて国側がかなりの部分を整備してくれています。国は制度をつくってくれたし、変な話、ネット証券だったら積立設定すればそれで終わっちゃう話なので。「増やす」というところに「積立投資をする」というソリューションをあてはめてしまうのであれば、これは1回設定してしまえば終わりなんです。気にしなくていいのが積立投資のよさですから。

「貯め方」は、僕らは子どものころから「むだづかいするな」と言われて育っているので、比較的「貯め方」もほぼ終わっている。

あとは「守り方」と「使い方」ですよね。守り方はさっき言いましたけど、「来るものは拒めない」というか、接触しちゃう可能性はあるので、接触してしまったときのことを考えて、常にコミュニケーションを取っておく。仮になにか変な話を引いてきちゃったときに家族間でちゃんと相談ができるような関係性をつくっていくっていうのが、「守り方」の一つの派生形なのかなと思います。

「使い方」もそうだと思うんですよね。極論「自分で決めろよ」って話ではあるんですけれども、やっぱり、ときとして、親に「これ買おうと思うけど、どうかな?」って言える関係があるのか。
多分、関係値ができていない親子って、親になにかを相談すると「ダメ」って言われるのがもうわかっちゃっているから、相談しなくなるんですよ。これはうまくコミュニケーションが取れていない。なんでもかんでも頭ごなしに「ダメ」って言ってきた結果なんです。お金に限らずですけど、コミュニケーションを取っておくということがやっぱりすごく大事だなと思うんです。「金融教育をやりたいんですけど、どうすればいいですか?」って相談を受けることもあるのですが、僕からすると「まず、子どもとちゃんと関係が築けているんですか?」っていう話なんですよね。関係がないのに金融教育とか偉そうなことを言っても、絶対うまくいくわけがないので。まずは日頃の生活の中で、頭ごなしになんでもかんでも子どもに「ダメ」と言ってないかとか、子どもがなんでも自分に相談してくれる信頼関係があるかみたいなところの見直しをしていかないといけない。いきなり金融教育とか言っても、ちょっと絵に描いた餅になってしまうと思います。

親のトレーニングはどこから?

塚本 お金の話ができる家庭がいいというのはわかりましたが、「金融リテラシーが低いんです」っていう場合に、親はまずどこからはじめればいいでしょうか?

森永 僕がいつも言っているのは「とりあえず、本当に少額でいいので投資をしてみては?」ということです。「お金の勉強をしなければ」と経済や投資のむずかしい本を買ってきても、おもしろくないから多分読めないんですよ。それよりも少しでも自分のお金を投資してみる方が感度は上がると思います。「いま岸田さんが増税とか言っているけど、あれはどうなんだろう」とか、「NISAとかイデコが変わるって言っているけど、どうなんだろう」とか、「アメリカの中間選挙はどうなるんだろう」とか、こんなのは投資とかをしていないと興味が湧かないですよ。でも、投資を始めると、よくわからないながらもニュースが気になるようになる。一歩足を踏み入れちゃえば、たとえば「為替が円安になった」というニュースを見て、「そもそもなんで円安になるんだっけ？」というふうに、自分の中で段々と興味が発展していくと思うんですよね。逆に言うと、投資などをしていないのに政治や経済に興味があって勉強している人って、ちょっと変わっているなって思いますよ。すごく好奇心が強い人です。好奇心が強い人でないなら、やっぱり当事者になるしかない。だから、投資をしてみることを勧めるわけです。少額でいいんです。これは別に資産を増やすためにやるんじゃなくて、情報の感度を上げるためにすることなので。仮にお金の面で損してしまったとしても、結果的に感度が上がってなにかの知識が増えたのだったら、十分にリターンは取れていると思います。

（取材日：２０２２年12月13日）

森永康平（もりながこうへい）

金融教育ベンチャーの株式会社マネネＣＥＯ、経済アナリスト。証券会社や運用会社にてアナリスト、ストラテジストとしてリサーチ業務に従事。その後はインドネシア、台湾、マレーシアなどアジア各国にて法人や新規事業を立ち上げ、各社のＣＥＯおよび取締役を歴任。２０１８年６月に金融教育ベンチャーの株式会社マネネを設立。現在は複数のベンチャー企業のＣＯＯやＣＦＯも兼任している。『０からわかる！ 金利＆為替超入門』『森永先生、僕らが強く賢く生きるためのお金の知識を教えてください！』や父・森永卓郎との共著『親子ゼニ問答』など著書多数。YouTubeチャンネル「森永康平のリアル経済学」を運営。

取材協力●八芳園KOUTEN

あとがき

塚本俊太郎

対談を通じて見えてきた
金融教育とは?

対談を通じて見えてきた金融教育とは？

6人の方との対談を通して見えてくるテーマはどんなものでしょうか？ 人それぞれ感じることは違うと思いますが、私が感じたのは一人ひとりが「子どもたちにお金についてどんなことを知ってもらいたいか・体験してもらいたいか」を考え、子どもが興味を持てる内容を題材にして教えているということです。また、どの方も金融理論の研究を大学院等で究めて現在教えているというわけではなく、日々の仕事や生活の中でお金に対して向き合う経験をし、それがきっかけとなって金融教育を行うようになったということです。そのためか、「自分で考え、失敗してもいいので実践してみる」という姿勢を大切にしている人も多かったように思います。

学校での勉強は、人よりも高い点数を取ることに目標を置くことが多いので、得てして失敗しないことに力が入るものです。でも、お金についてだとそれはちょっと違います。失敗はあってもいい。社会人になって扱うお金が大きくなった時に、大きな失敗をしないことが大切で、そのためには、子どもの時に失敗したことがむしろ良い経験になるのです。その失敗をさせるためには、子どもが自分で考えて実行することを大人はがまん強く見守ることが必要になります。「それはむだづかいでしょ」などと先回りして口出ししてしまうと、子どもは失敗することができなくなってしまいます。失敗することで子どもは多少のショックを受けることがあるかもしれませんが、それは一時的なこと。失敗した経験から学んだ子どもは、次は失敗しないようにと、よりよい行動を取れるようになります。

金融教育で大事なのはお金の話をすること

「お金の話をすること」と「お金の心配をさせること」は混同されがちですが、ちょっと違います。たとえば、旅行などのちょっとしたレジャーに使うお金についてといったトピックスであれば、子どもにお金のことを心配させずに話せるのではないでしょうか。夏休みに旅行に行く時の予算を伝えて、家族みんなが楽しめるような旅行の計画を考えさせてみるというのも一つの方法かもしれません。そんなところから始めて、ゆくゆくは日々の生活にかかっているお金や進学にかかる費用などの話も子どもとできるようになるといいと思います。いちばん大事なことは、お金のことをタブーなしで子どもと話そうとする姿勢です。子どもと忌憚なくお金の話ができるようになると、子どもは暮らしの中で自然とお金にまつわる経験を積むことができるとともにお金に対する感性を磨いていくことができます。また、将来困ったことが起きても、大人に相談しやすくなるので、お金にまつわる不幸な事故の予防にもつながりますね。

金融教育をさまざまな形で実践されている方々のお話を聞いていると、切り口となるお金のトピックスはたくさんあるということや、子どもたちがどう感じるかに合わせて教える内容も変えた方がいいのだなということに気づきました。「値段が100円以下のものはみんな安いのか?」「ものの値段が上がるのはどうしてか?」「ものの値段が上がることは自分にとってどんな影響があるのか?」等々。学校で教えられる時間や内容には限りがあります。そのため、なにか疑問に思うことがあったら自分自身で情報収集したり、先生や友人たちと議論したりすることで自分にはない意見を取り入れ、最終的にどうするのかを自分で決める。こういったプロセスを金融をテーマに行う。金融教育を簡単に言うと、そういうことなのだと思いますが、これは学校の授業だけで完結することはなく、お金が生活と関わっている以上、生涯にわたって継続的に知識を身につけていく必要があるものです。

金融教育に自信の持てない先生方へ

「金融教育で教えないといけないことはなんですか?」「金融教育を受けた経験がないので教えられません」そうおっしゃる方がいらっしゃいますが、あまりむずかしく考えないでください。銀行で振込をしたり、交通系ICカードで電車に乗ったりと、普段、意識していないかもしれませんが、さまざまな金融商品やサービスを使っていると思います。そこにちょっと目を向けて、商品やサービスの特徴やメリット・デメリットを調べて授業で紹介しつつ、生徒にもディスカッションで考えてもらうことができれば、それはもう立派な金融教育になっているはずです。

さらに自分自身の金融リテラシーを高めたいなら、やはり公平中立な組織からの情報発信から学ぶことが大事だと思います。金融庁、日本銀行、各民間団体(証券業協会、全国銀行協会など)が集まって設立した金融経済教育推進機構が今後の日本における金融教育のハブ(中心)となる予定です。機構では、金融教育で使える資料を各年齢層別・各テーマ別に幅広く準備をすることになっています。先生方向けの情報発信も行っていくと思うので、ぜひ活用してみてください。また、金融教育に関する講師派遣のプログラムもあります。こちらを利用することも選択肢の一つになるので覚えておいて損はないです。

インタビュー案の作成から、本書の編集、刊行まで幅広くサポートいただいた一般社団法人金融財政事情研究会 三沢岳生さんに感謝します。また、今回の対談を快く受けてくださった沼田晶弘さん、漆紫穂子さん、柴山翔太さん、赤池慶彦さん、キャサリンとナンシーさん、森永康平さんにも感謝申し上げたいです。

執筆に集中するなか、静かに見守ってくれていた家族、妻桃子と息子悠太にも感謝したいと思います。そして、この本を手に取って読んでいただいたあなた、金融教育の実践に活かしてもらえると著者として大変うれしいです。ありがとうございます。

著者紹介

塚本俊太郎（つかもと しゅんたろう）

慶應義塾大学総合政策学部を卒業後、米国シラキュース大学マックスウェル行政大学院に進学し国際関係論修士課程を修了。ゴールドマン・サックス・アセット・マネジメント、バンガード・インベストメンツ・ジャパンなどの外資系運用会社で勤務したのち金融庁へ。金融教育担当として、高校向け金融経済教育指導教材や小学生向け「うんこお金ドリル」などの作成に携わる。2022年に金融庁を退職後、金融教育家として活動を始め、テレビや新聞、雑誌など各メディアで活躍。NHK Eテレ（教育テレビ）「趣味どきっ！今日から楽しむ“金育”」の講師を務めるほか、学校などでの講演も多数。著書に『今日から楽しむ“金育”（NHKテキスト）』。日本金融教育推進協会理事、グリーンモンスター株式会社顧問、NewsPicks ProPicker。

https://shuntarotsukamoto.com/

ホームページ

子どもに伝えたいお金の話
──金融教育のいまを聞く

2024年6月18日　第1刷発行

著　　者　塚本俊太郎
発 行 者　加藤一浩
発 行 所　〒160-8519 東京都新宿区南元町19
一般社団法人 金融財政事情研究会
出 版 部　TEL 03(3355)2251　FAX 03(3357)7416
販売受付　TEL 03(3358)2891　FAX 03(3358)0037
U　R　L　https://www.kinzai.jp/

デザイン：藤井康正［Fujii Graphics］　印刷所：株式会社光邦

ISBN 978-4-322-14350-8

森を守り森を育てることに
役立つ紙を使用しています。